게임X공부, 전 프로게이머가
10대에게 전하는 진솔한 이야기

10대를 위한
슬기로운 게임생활

10대를 위한 슬기로운 게임생활

ⓒ조형근 2020

초판 1쇄	2020년 10월 26일		
초판 3쇄	2021년 5월 25일		

지은이	조형근		

출판책임	박성규	펴낸이	이정원
편집주간	선우미정	펴낸곳	도서출판 들녘
디자인진행	김정호	등록일자	1987년 12월 12일
편집	이동하·이수연·김혜민	등록번호	10-156
디자인	한채린		
마케팅	전병우	주소	경기도 파주시 회동길 198
경영지원	김은주	전화	031-955-7374 (대표)
제작관리	구법모		031-955-7376 (편집)
물류관리	엄철용	팩스	031-955-7393
		이메일	dulnyouk@dulnyouk.co.kr
		홈페이지	www.dulnyouk.co.kr

ISBN	979-11-5925-584-7 (43370)	CIP	2020042547

이 도서의 국립중앙도서관 출판예정도서목록(CIP)은 서지정보유통지원시스템 홈페이지
(http://seoji.nl.go.kr)와 국가자료공동목록시스템(http://www.nl.go.kr/kolisnet)에서 이용하실 수 있습니다.

게임X공부, 전 프로게이머가
10대에게 전하는 진솔한 이야기

10대를 위한
슬기로운 게임생활

조형근 지음

푸른들녘

힘든 시기입니다. 2020년 초 시작된 코로나19의 확산으로 우리 인류는 이제까지 한 번도 경험해보지 못했던 일상을 이어가고 있습니다. 처음 예상과 달리 코로나바이러스가 90도를 넘는 고열을 가해도, 미세바늘로 100번을 찔러도 죽거나 파괴되기는커녕 원상회복한다는 충격적인 결과도 이미 발표되었습니다. 이제 우리는 햇볕이 쨍쨍한 무더운 여름에도 마스크를 쓰고, 인중에 땀이 맺혀도, 대화하기가 힘들어도 참아야 합니다. 만에 하나 야외로 나들이 갈 때도 마스크 착용은 필수, 거리두기를 지키느라 좀 더 한적한 곳을 찾아 방황합니다. 마스크를 착용하지 않거나 턱스크한 사람을 보면 짜증이 치밀지요.

모두가 지친 코로나 시대, 학생들은 더 힘이 듭니다. 학교에 가서 친구를 만나고 학식 메뉴를 헐뜯거나 칭찬하며 사소한 즐거움을 누릴 나이인데 아무 데도 나가지 못하고 집에서만 시간을 보내야 합니다. 비말이 마구 튀길 게 뻔하니 농구 한 게임 같이 하러 가자고 친구에게 카톡 보내기도 힘들고, 분위기 좋은 카페 가서 수다

떨자고 해도 나오는 친구가 없습니다.

공부 상황은 더 골치 아픕니다. 학교에 가면 좋든 싫든 선생님, 친구들과 마주하며 한 글자라도 더 볼 텐데 혼자 집에 있으니 동기 부여가 되지 않습니다. 부모나 형제자매 중 한 명이라도 같이 있으면 그나마 다행일 테지만 맞벌이 가정이나 외동아이 가정은 답이 없어요. 학생 혼자 하루 종일 시간을 보내야 합니다. 아이들은 처음엔 자유 시간이 엄청 늘어났다며 신이 났지만 이제 좋음은 사라지고 지루함만 남은 생활을 하고 있습니다. 그렇다고 때마다 치르는 시험이 없어진 것도 아니고 대한민국 학생의 운명을 가늠하는 수능을 안 보는 것도 아닙니다. 공부는 해야겠는데 의욕은 없고 시간은 많고…….

바로 이런 상황과 맞물려 가정마다 문제가 발생했습니다. 게임을 둘러싼 투쟁이 벌어진 것입니다. 학교에 가지 못하고 집에 머무는 시간이 급격히 늘어나면서 학생들은 자연스레 게임을 더 오래하게 되었습니다. 게임하는 데 시간을 점점 더 많이 투자하게 된 것이지요. 안 그래도 게임 때문에 골치 아프던 부모님들은 '아무래도 집에 CCTV를 설치할까 봐' 하고 진지하게 고민하기 시작했습니다.

"너 하루종일 게임만 했지?"

"아니라니깐, 과제랑 셤 공부 다했다고."

"근데 왜 밥은 안 먹었어? 너 게임할 땐 밥 안 먹잖아!"

"아 그건⋯⋯."

코로나바이러스가 가정으로 들어와 부모자식 간에 불신바이러스를 퍼뜨리기 시작합니다. 그런데 정말 부모님들은 게임을 하지 않고 성장했을까요?

우리가 게임을 좋아하는 것은 어제오늘 일이 아닙니다. 저는 지금으로부터 30년 전, 일곱 살부터 게임을 시작했습니다. 초등학교, 중학교, 고등학교에 다닐 때도 항상 게임을 했습니다. 정도의 차이가 있었을 뿐 같은 반 친구들 모두 게임을 했습니다. 저에게 게임은 게임 이상의 의미가 있었고 심지어 고등학생 때는 프로게이머로 데뷔하기도 했습니다. 전국에 생방송되는 경기에 출전하여 당대 최고의 선수들과 시합을 했습니다. 대학에 입학하고 난 뒤에도 1년을 다니고 휴학한 다음 선수 활동을 했고 군대에서까지 선수 생활을 이어갔습니다. 게임은 저의 10대와 20대를 관통했습니다.

복학생이 되어서도, 회사에 입사하고 나서도 게임을 했습니다. 유명 게임 회사에서 새로운 게임을 출시한다고 하면 그날을 손꼽아 기다렸습니다. 저만 그랬던 것은 아닙니다. 새벽에 일어나서 게임에 접속해보니 학창시절 친구들이 벌써 게임을 하고 있었습니다. 우리는 파티를 맺고 함께 몬스터를 잡았습니다. 나이를 먹을 만큼 먹고 사회생활을 하고 있지만 게임을 좋아하는 것은 예전 그대로입니다. 가끔은 e스포츠 경기를 시청하면서 선수들을 응원합니다. 저와 친구들이 어려서부터 게임을 즐겼고 지금도 즐기고 있듯이 현재 10대들도 게임을 즐기고 있을 것입니다. 제가 학생 때 했던 게임과 현재 학생들이 하는 게임의 이름은 다르지만 게임을 좋아하는 마음은 변하지 않았습니다. 제가 그랬듯이 여러분도 오랜 시간 동안 게임을 즐기게 될 것입니다.

안타깝게도 부모님께서는 우리가 게임하는 것을 썩 좋아하지 않습니다. 게임이 공부하는 데 방해가 된다고 생각하기 때문입니다. 게임 시간을 어떻게 조절할 것인지, 스마트폰이 10대의 뇌에 얼마나 안 좋은 영향을 미치는지 주의 깊게 살펴보라는 자녀 교육서도 많습니다. 부모님들은 주로 이런 책만 읽으면서 '어떻게 하면 게임을 못하게 할까?'에만 골몰합니다.

참 이상한 일은 게임의 주체를 대상으로 하는 책은 없다는 점입니다. 어떤 게임을 선택할지, 얼마나 오래할지 결정하는 당사자는 우리 자신인데 말입니다. 정부나 국회에서 게임에 관한 정책을 검토할 때도 10대의 목소리는 반영되지 않습니다. 어른들끼리 합의하는 정책에 따라 게임을 사용하는 환경이 순식간에 바뀌게 될 뿐이에요. 만 16세 미만은 밤 12시부터 아침 6시까지 게임에 접속할 수 없도록 하는 셧다운제(2011년)가 대표적이지요.

이제는 우리 스스로 게임에 대해 생각해보고 게임을 올바르게 활용할 수 있어야 합니다. 그래야 우리의 목소리를 어른들에게 힘 있게 전달할 수 있습니다.

제가 처음 쓴 책은 『프로게이머를 꿈꾸는 청소년들에게』입니다. 이 책으로 독자 여러분께 많은 사랑을 받았습니다. 책을 읽고 생활 태도를 바꾸었다는 편지도 받았고, 자녀가 프로게이머를 목표로 하고 있는데 어떻게 대처하면 좋겠냐며 고민을 털어놓은 부모도 있었고, 학교 수행평가의 일환이라며 직접 만나서 인터뷰를 하고 싶다는 학생들도 있었습니다. 저는 책을 통해 프로게이머를 꿈꾸는 학생들에게 자신을 돌아볼 수 있는 시간을 제공한 것 같아 기뻤습니다. 그러나 프로게이머를 꿈꾸지 않더라도 프로게이머 못지않게 게임을 많이 해서 고민이거나 게임과 공부 사이에서 방향을 잡지 못해 어려움을 겪는 학생들이 더 많았습니다.

이번 책은 '게임에 너무 많이 시간을 써서 공부할 타이밍을 놓친' 학생들, '게임을 좋아하지만 공부도 잘하고 싶은' 학생들을 위해 쓴 것입니다. 저는 여러분이 이 책을 올바른 게임 이용 습관을 확립하고 균형 잡힌 학창생활을 보내는 데 유용한 내비게이터로 썼으면 좋겠습니다. 자기주도 게임법, 자기주도 학습법을 몸에 익혀서 게임도, 공부도 '내 식대로, 내 리듬에 맞춰' 했으면 좋겠습니다. 이루고 싶은 것은 무엇이든 이룰 수 있다는 자신감을 가졌으면 좋겠습니다.

게임의 세계가 무한하듯 여러분의 가능성 역시 무한합니다. 태어날 때부터 디지털화된 사회를 경험한 여러분에게 '게임을 하지 말라'는 무작정 식의 잔소리는 사실 말이 안 됩니다. 그러면 어떻게 하냐고요? 게임을 즐기면서, 공부도 열심히 하면 됩니다. 왼손으로는 마우스를 쥐고 오른손으로는 펜을 드세요. 양손을 번갈아 쓰면서 게임과 공부 둘 다 슬기롭게 해보는 건 어떨까요? 지금부터 게임을 공부처럼, 공부를 게임처럼 하는 방법에 대해 자세한 이야기를 나누어보겠습니다.

차례

◆ 게이머를 위한 아포리즘

2장 슬기롭게 즐기는 게임의 정석

◆ 게이머를 위한 아포리즘

3장 게임 + 공부 :
게임하는 나, 공부하는 나

◆ 게이머를 위한 아포리즘

4장 부모를 게임 지원군으로 만드는 마법

◆ 게이머를 위한 아포리즘

5장 내 삶의 주연 배우로 우뚝 서는 마음 훈련

◆ 게이머를 위한 아포리즘

1장
게임 전성시대

10대, 게임을 할 수밖에 없는 세대

게임, 10대의 90퍼센트가 즐기는 취미

"너 취미가 뭐야?" 하고 물었을 때 "책 읽기" "악기 연주" "운동"이라고 대답하는 아이들은 십중팔구 타임머신을 타고 왔거나 어른들의 눈치를 지나치게 살피는 유형입니다. "넷플(릭스로 드라마 몰아보기)하기" "유튜브 시청"이라고 말하는 아이들이 그나마 '같이 놀 만한' 아이지요. 하지만 진짜 친구 '트고' 같이 놀고 싶은 아이의 대답은 단연코 "○○○ 하는 거"일 것입니다. ○○○에는 현재 가장 잘나가는 게임 이름이 들어갈 텐데요. 제가 프로게이머로 활동했을 당시엔 〈스타크래프트〉, 요즈음엔 대개 〈리그 오브 레전드〉입니다.

코로나19 때문에 등교가 제한되고 PC방 출입마저 어려워지자 아

오늘의 득템

게임은 '규칙을 정해놓고 승부를 겨루는 놀이' '운동 경기나 시합'이라는 뜻을 갖고 있습니다. 사람끼리 규칙을 정해놓고 하는 모든 행위를 게임에 포함할 수도 있지만 최근에는 컴퓨터, 스마트폰과 같은 매체를 이용해 게임 프로그램을 플레이하는 것으로 의미가 축약되었습니다. 게임을 한다고 하면 특별한 언급이 없는 이상 컴퓨터, 스마트폰을 이용해 인터넷 게임을 하는 것으로 인식하는데요. 앞으로 이 책에서도 게임은 컴퓨터, 스마트폰, 콘솔 게임기기를 활용한 오락 활동으로 정의합니다.

이들은 자기 방을 PC방처럼 활용하기 시작했습니다. 게임용 키보드와 헤드셋을 갖추고, 컵라면과 생수, 과자를 준비해두고 혼자만의 세계에 빠져 게임을 즐깁니다. 본인은 '즐긴다'고 하지만 밖에서 볼 때엔 '전투 중'으로 보인다는 게 함정이긴 하지요. 게다가 요즈음 출시되는 게임은 종류가 너무나 다양해서 취향에 따라 즐길 게임을 고르는 데 문제가 전혀 없습니다. "더는 할 게 없다."거나 "나한테 맞는 게 없어."라는 불평이 새어나올 틈이 없죠. 한때 10대 남자 청소년의 전유물로 여겨졌던 게임이 세대와 성별을 가리지 않고 모든 사람이 즐기는 국민 여가 활동이 된 지 오래입니다.

한국콘텐츠진흥원의 〈2020 게임이용자 실태조사〉에 따르면 10대의 전체 게임 이용률은 91.5퍼센트입니다(20대 85.1퍼센트, 30대 74.0퍼센트, 40대 76.6퍼센트, 50대 56.8퍼센트, 60~65세 35퍼센트). 모든 세대를 아울러 게임을 즐기는 사람이 많지만, 특히 10대의 게임 이용률이 가장 높아요. 남성이 92.8퍼센트, 여성이 90.0퍼센트로 남녀 모두 10명 중에서 9명 이상이 게임을 하는 것으로 나타났습니다. PC 게임 이용률은 남성이 72.8퍼센트, 여성이 43.7퍼센트이고, 모바일 게임 이용률은 남성 78.2퍼센트, 여성 86.8퍼센트입니다(중복응답). 10대 남성은 PC와 스마트폰을 가리지 않고 게임을 즐기는 반면, 여성들은 스마트폰으로 게임을 많이 한다는 뜻입니다.

10명 중에 9명이나 게임을 하고 있다니, 게임의 어떤 매력이 우리를 '겜덕후'로 만드는 것일까요? 몇 개만 정리해보아도 금방 답이 나올 겁니다.

게임 속에서는 하고 싶은 대로 마음껏 행동할 수 있다. ···› 현실의 나는 움직이지 않지만 게임 속에서는 전 세계 방방곡곡 가상 여행을 할 수 있고, 원하는 대로 캐릭터를 조작할 수 있다.

게임을 통해 친구와 유대감을 느끼고 공통 관심사를 향유할 수 있다. ···› 친구들과 함께 게임을 하고 추억을 만들면서 서로의 관계는 더 가까워진다.

게임은 다른 취미 활동과 비교해서 비용이 거의 들지 않고, 준비하고 시작하는 데 많은 시간이 소요되지 않는다. ···› 클릭 한 번이면 원하는 게임을 다운받을 수 있고 곧바로 실행할 수 있다. 학교와 학원을 왕래하느라 바쁘기 때문에 준비하는 데 시간이 드는 취미생활은 부담스럽다.

학교와 학원, 학원과 집을 오가는 자투리 시간을 활용해서 게임을 즐길 수 있다. …» 평일이든 주말이든, 여명이 밝아오는 새벽이든 고요한 밤이든 시공간의 영향을 받지 않는다. 마음만 먹으면 언제 어디서든지 게임을 즐길 수 있다.

내 몸에 달라붙은 게임기, 스마트폰

스마트폰으로 넘어가볼까요? 스마트폰은 이제 우리의 분신과도 같습니다. 공부할 때, 외출할 때는 물론 잠을 잘 때도 스마트폰을 옆에 둡니다. 스마트폰 없는 세상은 이제 상상하기 어렵죠. 지금 주위를 둘러보세요. 스마트폰으로 게임하는 사람을 심심치 않게 볼 수 있을 겁니다. 버스나 전철로 이동하면서 게임하는 사람들의 모습이 더는 낯설지 않습니다. 대학교 캠퍼스에 걸으면서 스마트폰을 보지 말라는 안내판까지 붙었을 정도입니다.

스마트폰이 대중화되면서 게임을 하기 위한 장소의 제약은 없어졌습니다. 불과 10년 전만 해도 게임을 하려면 PC방에 가거나 컴퓨터 앞에 앉아야 했지만 이제는 길을 걸으면서, 차를 타고 이동하면서, 밥을 먹으면서, 이불을 덮고 누워서, 언제 어디서든 게임을 즐길 수 있습니다. 마음만 먹으면 잠을 자는 순간을 제외한 모든 시간에 게임을 할 수 있어요. 물론 꿈속에서 게임을 계속하는 친구들도 있습니다. 이 모든 게 스마트폰이라는 이름의 게임기 덕분입니다. 그야말로 '폰느님'이라 할 만합니다.

더욱 놀라운 장점은 스마트폰 게임을 하는 데 드는 비용이 0에 수렴한다는 것입니다. 게임의 종류에 따라 초기 비용이 드는 경우도 있지만 대부분의 게임은 신규 유저 유입을 위해 초기 비용이 들지 않도록 설계합니다. 게다가 부모님 눈치 보였던 데이터 요금제의 제약도 점차 줄어들고 있습니다. 정부가 국내 어디서든 와이파이를 이용할 수 있도록 인프라를 구축해주고 있거든요. 학교 학원 집 여행지 등등 어디서나 와이파이를 이용하여 무료 인터넷을 즐길 수 있습니다.

이제 게임은 스마트폰을 통해 우리의 일상이 되었습니다. 테트리스나 갤러그처럼 온라인 게임으로 진화하여 어머니 아버지 세대의 추억을 소환해주는 게임, 화투나 숨은그림찾기처럼 할머니 할아버지의 심심한 시간을 달래주는 원초적 게임, 예쁘고 앙증맞은 그림과 멜로디로 즐기는 유아용 게임들……. 이렇듯 게임의 세계는 지금 이 시간에도 세대별 마음을 공략하며 분화하고 진화하는 중입니다.

그러니 "게임할 시간에 책 한 권 더 읽어라.""게임이 너 밥 먹여 주니?" 같은 핀잔은 더는 쓸모가 없습니다. 이런 대사를 듣고 눈총을 받느니 게임의 장단점을 냉철하게 분석하여 철저하게 이용하고 즐기면 그만입니다. 통계에서 본 것처럼 10대뿐 아니라 성인이 되고 머리가 희끗희끗해져서도 게임을 즐기는 세상이잖아요. 동네 노인정이 '노인 전용 게임방'이 될 날도 머지않을 겁니다.

오늘의 득템

유저의 마음을 뺏은 세대별 인기 게임을 알아볼까요?

1980년대: 갤러그, 팩맨, 슈퍼마리오, 1942, 테트리스
1990년대: 스트리트파이터, 킹 오브 파이터즈, 파이널판타지, 드래곤 퀘스트, 둠, 삼국지, 심시티
2000년대: 스타크래프트, 리니지, 포트리스, 카트라이더, 디아블로, 월드 오브 워크래프트
2010년대: 리그 오브 레전드, 피파 온라인, 배틀그라운드, 앵그리버드, 크래쉬 오브 클랜

게임을 즐기는 노부부.

코로나19 바이러스와 함께 게임도 퍼진다

나 지금 웃고 있니?

포스트(Post) 코로나, 말 그대로 코로나 이후의 변화에 대비하기 위해서 전 세계가 분주합니다. 서점에는 코로나 시대를 진단하고 향후 미래를 예측하기 위한 책들이 좋은 자리를 점령하고 있습니다. 정치, 사회, 경제 모든 분야에 코로나 사태가 미칠 영향을 분석하느라 여념이 없습니다. 기업에서는 긴축경영 방침을 세웁니다. 허리띠를 졸라매고 어떻게든 현시점을 버텨내기 위해 안간힘을 쓰고 있어요. 개인 상점이나 작은 회사를 운영하는 소상공인들은 "살아남는 게 이기는 거다."라면서 이를 악 물고 하루를 견디고 있는데요. 모두가 어려움을 겪고 있는 시대에 남몰래 조용히 미소 짓는 분야도 있습니다. 대표적인 게 바로 게임 산업이죠. 게임 산업은 코로나 시대를 등에 업고 괄목할 만한 성장을 거듭하고 있는 중입니다.

미국의 시장 조사 업체인 NPD 그룹은 "2020년 4월 플레이스테이션4와 닌텐도 스위치의 매출은 2019년 4월보다 각각 160퍼센트 이상 증가했다." "코로나19로 인해 집에 있는 시간이 길어지면서 게임을 기분전환을 위한 수단을 넘어 가족과 친구 등 인간관계를 연결하는 용도로 사용하고 있다."라고 전했습니다. 〈매일경제〉는 "2020년 1분기 닌텐도 스위치 판매량은 지난해 같은 기간보다 30.4퍼센트 늘어났다." "사회적 거리 두기가 시행되면서 게임 이용이 급격히 늘어난 가운데 닌텐도 스위치가 직접적인 수혜를 본 것으로 풀이된다."고 분석했습니다. 〈동아일보〉는 「질병 취급받던 게임 업계, 코로나19 이후 달라진 위상」이라는 기고문에서 "그동안 게임이 질병이라는 입장을 고수하던 WHO(국제보건기구)가 말을 바꿔 코로나19 극복을 위한 방법으로 게임을 권하기 시작했다."라고 설명하면서 "코로나19 여파로 전 세계 모든 산업에서 대규모 인력 감축이 불가피하다고 외치고 있지만, 게임 업계는 여전히 신규 인력을 채용하고 있다. 문화체육관광부에서도 게임 산업을 코로나19 이후 비대면, 온라인 경제 시대를 이끌 미래 핵심 산업이라고 한다. 기존 규제와 제도 개선을 통한 혁신 성장 지원 등 게임 산업을 육성하기 위한 게임 산업 진흥 종합 계획을 발표했다."라고 전했습니다.

여러분의 가정은 어떤가요? 혹시 코랄색 게임기를 새로 구입하여

신상 게임기로 게임을 즐기다.

무인도에 낙원을 건설 중인가요? 게임기를 TV에 연결하여 장애물 넘기를 하거나 '홈트' 게임을 즐기시는 중 아닌가요?

코로나19라는 팽이 위 중심 잡기

2020년 벽두부터 코로나19 피해를 줄이기 위해 집에 머무르는 시간이 엄청 길어졌습니다. 여러 요인으로 확진자가 대거 발생할 때면 온 나라가 얼어붙었죠. 평일은 물론 주말이나 휴일에도 바깥에 나가지 못하고 집에서 하루를 보내야 합니다. 그러다 보니 집 안에서 즐길 수 있는 콘텐츠의 소비가 대폭 늘어나고 있습니다. 게임을 하는 시간도 자연스럽게 늘어났죠.

특히 10대의 경우가 그렇습니다. 바깥에 나가서 친구를 만날 수도 없고, 집에서 홀로 공부만 하기에는 하루가 너무 길잖아요. 자연스레 온라인 세계에 접속해 게임하는 시간이 많아집니다. 게임 속에서 친구를 만나 서로의 근황을 주고받고 외로움을 달랩니다. 코로나19는 가뜩이나 여가 활동 중 게임의 비중이 높은 10대에게 게임을 더 많이 할 수밖에 없는 분위기를 조성해주었습니다. 학교와 교사의 권유대로 컴퓨터나 스마트폰을 이용해서 수업을 듣고 공부도 하고 있지만, "공부는 이제 그만, 어서 게임에 접속해. 네 친구들 벌써 다 들어왔어!!"라고 속삭이는 미디어의 유혹만 날로 커지는 추세입니다.

다른 바이러스가 그랬듯이 언젠가 코로나19도 백신이 개발되어 종식되는 날이 올 것입니다. 하지만 사회 분위기가 코로나19 발생 이전으로 돌아갈 수 있을까요? 코로나19의 변종이 계속해서 나오고 있다는 기사도 심심치 않게 나오고, 코로나20 코로나21이 언제 고개를 들지 모르는 상황에서 예전처럼 마음껏 거리를 활보하고 활동하기는 어려울 것입니다. 전 세계가 하나의 네트워크로 연결되었기 때문에 특정 국가에서 새로운 바이러스가 출현하면 또다시 지구 전체에 영향을 줄 테고요.

　이제 사람들은 특별한 일이 없어도 마스크를 착용할 것이고 꼭 필요한 일이 아니라면 외출을 삼갈 것입니다. 아이러니하게도 이러한 사회 속에서 게임 산업은 더 성장할 가능성이 큽니다. 우리는 이전과 비교할 수 없을 정도로 게임과 더 많은 시간을 함께 보내게 될 것입니다. 포스트 코로나에 대비하여 올바른 게임 활용법을 인지하고, 더불어 '게임을 어떤 관점으로 바라봐야 할 것인가'에 대한 시각을 마련하는 일은 매우 중요한 미래 준비 방법이 될 것입니다.

형제의 자리를 게임이 채우는 날이 온다

게임이 가족을 대신한다

아래 문장을 보세요. 취업준비생 입사지원서의 단골 문구로서 한때 모든 지원자가 이 문장을 시작으로 입사지원서를 제출했다는 유머도 있었는데요. 지원자를 곧바로 서류에서 떨어트리게 만든다는 저 무시무시하고도 유명한 자기소개서의 도입부입니다.

"저는 1남 1녀 중 장남으로 태어나 엄격한 아버지와 자상한 어머니의 사랑을 받으며 자랐습니다. 형제간에 우애를 지키고 어른을 공경하라는 가르침을 받았습니다."

문장 자체는 특별히 이상하지 않지만 문장에 쓰인 표현을 보면 특별한 개인의 모습이라기보다 오래전 교과서의 주인공 철수가 잘 자라 입사지원서를 내는 듯한 느낌이 듭니다. 아마도 기업의 인사 담당자 입장에서는 수많은 철수 중 한 명을 골라야 하는 난감함이 있었겠지요.

저는 문장의 도입부인 1남 1녀라는 표현에 유독 눈길이 갔어요. 제가 초등학교에 다닐 때만 해도 대부분의 친구들에겐 형제가 있었습니다. 대개 본인을 포함해 두 명인 경우가 많았는데, 형이 있는 친구는 자기를 괴롭히면 학년이 높은 형한테 다 이른다고 했고 누나가 있는 친구는 공부를 잘하는 누나 때문에 스트레스를 더 받는다고 했습니다. 어른들과 선생님들께서는 우리에게 형제 관계가 어떻게 되는지 물어봤어요. 첫째라고 하면 어쩐지 듬직한 게 장남 같다고 하고 둘째라고 하면 어쩐지 개구쟁이처럼 구는 게 막내 같다고 했지요. 형제 관계는 나라는 사람이 어떤 사람이라는 것을 암묵적으로 보여주는 하나의 준거였어요. 취업준비생은 자신을 손쉽게 표현하기 위해 자기소개서에 1남 1녀 중 장남이라고 쓴 것이었죠.

요즘 10대들도 형제 관계가 어떻게 되느냐는 질문을 받는지 궁금합니다. 1980년대, 정부는 인구 증가를 억제하기 위해 1자녀 출산정책을 펼쳤는데 40년의 세월이 지난 지금 다자녀 가정에 혜택을 주는 출산장려정책을 펼치고 있으니 아이러니하지요. 심지어 요즈음에는 결혼을 선택하지 않는 1인 가구가 증폭되는 추세인데요. 통계청에 따르면 가임 여성 1명이 평생 낳을 것으로 예상되는 평균 출생아 수를 나타낸 지표인 합계 출산율은 2018년 0명대로 떨어졌다고 합니다.

오늘의 득템

1960년 6.16명, 1980년 2.82명, 2000년 1.47명, 2019년 0.92명으로 점점 그 수가 하락하고 있습니다. 1960년대에 6명 이상이라는 게 놀라운데, 1950년대 생인 나의 아버지는 4형제 가족, 어머니는 6형제 가족입니다. 형제가 많은 것이 부럽기도 하지만 할아버지, 할머니께서 얼마나 힘들게 자녀들을 돌보고 키우셨을지 저로서는 짐작이 안 된답니다.

늘어나는 게임 시간

외동 자녀 가정이 많아진 지금 아이들은 이제 집에서 혼자 할 수 있는 무언가를 더 열심히 찾게 되었습니다. 혼자서 1인 2역을 하면서 몸을 부대끼고 놀 수 없으니 자연스럽게 컴퓨터와 스마트폰에 눈이 갑니다. 집에 혼자 있을 때 게임 생각이 더 자주 나는 것은 당연한 일입니다. 황병주 마더스병원 소아청소년정신과 전문의는 "대개 맞벌이 가정의 외동 자녀가 게임중독에 빠지기 쉽다. 부모가 바쁘고, 소통할 수 있는 형제나 또래가 없으면 아이는 심심함을 느끼고, 게임이나 스마트폰이 생각나게 마련이다."고 말했습니다(《경상일보》, 2019.10.24.).

　외동아이는 형제가 있는 아이들보다 게임에 노출될 가능성이 큰 것이 사실입니다. 우리나라 가정은 2자녀 핵가족에서 1자녀 소핵가족으로 변하고 있습니다. 외동 가정의 비율은 앞으로 더 높아질 거예요. 합계 출산율이 점점 떨어질 것으로 예측되기 때문이죠. 미래상을 그린 영화 〈Her〉에서 인공지능이 주인공의 연인이 된 것처럼 게임이 형제의 역할을 대체할 날이 올지도 모릅니다. 우리는 앞으로 게임을 더 많이 하게 될 거예요. 늘어나는 게임 시간을 어떻게 조절하고 활용할지는 앞으로 더 중요한 화두로 떠오를 것입니다.

우리는 게임 제너레이션

게임이 문화가 되기까지

게임은 언제부터 10대를 비롯해 거의 모든 사람에게 '넘버1' 취미가 되었을까요? 사실 1970년대 말과 1980년대 초반까지만 해도 게임은 일반적인 문화가 아니었습니다. 그 후로 1990년대에 동네에 오락실이 하나둘 들어서기 시작했습니다. 아이들이 삼삼오오 오락실에 모였어요. 1990년대 말이 되니 PC방이 우후죽순 생겼습니다.

그러다 어느 날 갑자기 말 그대로 '눈 깜짝할 사이'에 대중문화로 자리 잡았습니다. 이제 텔레비전을 보면 유명 연예인이 게임을 광고하는 모습을 자주 볼 수 있습니다. 젊은 연예인들만 그런 게 아니라 나이 지긋하신 분들까지 게임 광고 모델로 활약하시는데요. 이에 더해 게임 광고지를 붙인 버스가 도로 위를 주행하고, 전철을 기다리고 있노라면 대형 전광판에서 게임 영상이 흘러나옵니다. 바야흐로 주변 사람들 모두 게임을 즐기고 있군요. 게임을 하지 않으면 친구들과 소통하기도 힘든 세상입니다.

최초의 비디오 게임은 미국의 게임 제조사 아타리에서 1970년대 발매한 '퐁'이라는 게 정설입니다. 지금 우리가 플레이하는 게임과 비교하면 단순하기 그지없지만 이 게임이 무려 50년 전에 출시되었다는 것을 고려하면 절로 고개가 끄덕여져요. 퐁은 핑퐁의 줄임말입니다. 핑퐁이 탁구를 의미하는 영어 단어이듯 플레이도 탁구와 비슷합니다. 플레이어는 조이스틱을 이용해 탁구채처럼 막대를 움직여 공을 튕겨내고, 상대방도 똑같이 막대를 움직여 공을 받아냅니다. 둘 중 한 명이 공을 받지 못하게 되면 승패가 나뉘지요. 너무 단조로워서 아무도 즐기지 않았을 것 같지만 굉장한 인기를 끌었고, 유저들이 동전을 과도하게 투입한 나머지 게임기가 고장나버렸

오늘의 득템

아타리는 게임의 아버지 놀런 부슈널이 1972년 설립한 미국의 게임 개발사입니다. 퐁의 대성공을 바탕으로 성장했으며 갤러그의 시초인 스페이스 인베이더라는 게임으로 유명합니다.

e스포츠란 우리가 익히 알고 있는 프로게이머의 방송 경기라고 이해하면 됩니다. (48쪽 참조)

다는 일화도 있습니다. 우리가 지금 즐기고 있는 비디오 기반 인터넷 게임은 이때부터 조금씩 발전하기 시작했어요.

지금처럼 게임 산업, e스포츠, 게임 문화가 일상에 자리 잡을 정도로 성장하는 장면을 눈으로 직접 보고 체감한 것은 제 나이 또래, 아마 1980년대 생들일 것입니다. 제가 초등학생일 때, 동네 골목에는 꼭 오락실이 한두 개씩 있었습니다. 주로 격투 게임, 슈팅 게임, 스포츠 게임과 같이 당시 인기를 끌었던 게임 기기가 설치되어 있었고, 사람들은 동전을 넣고 게임을 즐겼습니다. 주말에는 아침 일찍 주인아저씨가 출근할 때까지 오락실 앞에서 기다렸다가 함께 출입문을 열고 입장했는데요. 꺼져 있는 게임기기에 전원이 들어오면서 동시에 화면이 켜지던 장면이 아직도 기억 속에 생생합니다.

저는 오락실 문을 닫는 시간까지 게임을 하고, 돈이 다 떨어지면 뒤에 서서 다른 사람이 게임하는 것을 구경했습니다. 게임을 하다가 갑자기 가방을 챙겨서 밖으로 나가는 사람이 있으면 눈치를 보다가 그 사람이 하던 게임기기에 앉아 이어서 게임을 했죠. 그때의 날아갈 듯한 기분이란!

그러다가 이윽고 1990년대 말, 2000년대 초반을 지나면서 가정에 개인 컴퓨터가 보급되었는데요. 인터넷과 네트워크의 발전에 힘입어 게임 산업은 날개를 달았습니다. 예전에는 게임을 하려면 반드시 오락실에 가거나 집에 있는 콘솔 게임기를 텔레비전에 연결해야 했습니다. 여러 사람이 함께 게임을 즐기고 싶으면 어떻게든 한 공간에 모여야 했으므로 오락실이 문을 닫거나 친구가 집에 가야 할 시간이 되면 더 이상 같이 게임을 할 수 없었습니다.

그 후 20세기 말을 거치면서 '스타크래프트' '디아블로'처럼 컴퓨터를 기반으로 한 네트워크 게임이 폭발적인 인기를 끌게 되자 게임을 목적으로 굳이 한 곳에 모일 필요가 없어졌습니다. 컴퓨터에 인터넷을 결합하면 자유롭게 다른 유저와 함께 게임을 즐길 수 있었으니까요. 이와 더불어 컴퓨터 게임의 인기를 증명하듯 PC방이 밀물처럼 쏟아졌습니다. 당시 시간당 2000원이라는 거금을 지불해야 했지만 인기는 식을 줄 몰랐습니다.

우리는 디지털 노마드

30대 후반인 제가 10대부터 각종 게임을 하기 시작했고 지금도 게임에 관심을 두고 있으니, 지금의 10대는 어쩌면 태어나면서부터 게임이 일상이 된 환경 속에서 자랐을 것입니다. 아기일 때부터 엄마, 아빠가 스마트폰을 하는 것을 지켜보면서 자기도 모르게 부모님 스마트폰을 빼앗아 만지작거렸을 테죠. 그 덕분일까요? 요즘 아이들은 네 살만 되어도 고사리 같은 손으로 스마트폰을 잘 사용합니다. 사진첩에서 사진을 보면 자연스레 다음 사진으로 넘기고, 하물며 확대까지 할 줄 아는 아이도 많습니다. 스마트폰 크기의 반도 안 되는 손으로 만지작거리는 게 귀엽기도 하고 신기하기도 하면서 한편으로는 '벌써 저렇게 전자기기를 잘 다룰 수 있나?' 하는 생각도 듭니다.

이렇게 자란 초등학생은 컴퓨터와 스마트폰을 내 몸의 일부처럼 활용할 것입니다. 인터넷에 접속하고 유튜브를 여행하면서 무한대의 정보를 받아들이죠. 게임도 자연스럽게 즐기게 되고요. 스마트폰, 컴퓨터와 친숙한 그들에게 게임은 가장 손쉽게 접할 수 있는 콘텐츠 중의 하나입니다. 스마트폰 게임을 하며 밥을 먹고, 친구들과 누가 더 게임을 잘하는지 겨루면서 대화를 나눌 것입니다. PC방을 전전하며 게임을 할 것이고, 어쩌면 잠들기 직전까지 게임에 몰두할지도 모릅니다.

저도 마찬가지지만, 지금 10대는 예전보다 더 게임을 자연스럽게 접하며 게임과 함께 성장하는 진정한 '게임세대(Game-Generation)'입니다. 태어날 때부터 지금까지 항상 옆에 있었고, 심심하면 찾았던 놀이 문화이기 때문에 게임이 없는 일상은 상상할 수가 없죠. 자동차와 비행기가 없는 일상을 상상할 수 없는 것처럼 말입니다.

안타깝게도 우리의 부모 세대는 대체로 게임을 부정적으로 바라봅니다. 우리가 게임하는 모습을 매우 싫어하고 경계합니다. 백이면 백 공부에 방해가 된다고 생각하기 때문인데요. 부모의 이런 관점은 고스란히 우리 의식에 투영됩니다. 그래서 집에 부모님이 계시면 게임을 하는 게 왠지 불편하지요. 게임을 하느라 직접 눈으로 볼 수는 없지만 부모님의 날카로운 두 눈이 나를 쏘아보고 있는 것처럼 오싹합니다. 대다수 아이들이 아까운 용돈을 쓰더라도 부모님의 눈을 피해 PC방에 가는 이유입니다. 아마 주말에 부모님께서 외출한다고 하면 속으로 쾌재를 불렀던 경험이 있을 겁니다. "너, 엄마 없다고 하루종일 게임만 했다간 큰코다칠 줄 알아." 하고 으름장을 놓는 엄마에게 "요즘 넘 시시해져서 잘 안 해요."라면서 심드렁한 표정을 지었다가 부모님이 현관문을 나서는 순간 빛의 속도로 방에 들어와 컴퓨터를 켤 때의 그 기분! 다들 알고 있죠?

게임을 좋아하고 즐기고 싶은 것은 당연한 욕구입니다. 혹시 게임을 싫어하는 부모님의 눈치를 살피고 있나요? 이때 우리 뇌는 무의식적으로 '게임은 뭔가 안 좋은 것'이라고 인식합니다. 마치 나쁜 짓을 하는 것 같은 느낌마저 들기도 하는데요. 여러분은 그러지 않았으면 좋겠습니다. '게임을 얼마큼 하면 혼나지 않고 괜찮을까?' '게임하면 엄마, 아빠가 분명히 싫어하실 텐데'라는 생각을 반복할수록 게임에 대해 객관적인 사고를 하기 어렵게 되는 탓입니다.

게임은 게임일 뿐입니다. 우리 삶에 자연스럽게 녹아들어 있는 여가 활동 중 하나일 뿐입니다. 그냥 하고 싶을 때 하고, 하기 싫어지면 그만두는 취미입니다. 남몰래, 비밀스럽게, 눈치를 보면서 해야 하는 행위로 게임을 인식하는 순간, 역설적이지만 더 많이 생각하게 되고 게임하는 나를 통제하는 게 더 어려워져요. "지금부터 10초 동안 절대 코끼리를 생각하지 말라."고 하면 오히려 코끼리 생각이 더 나는 것처럼요. 명심하세요, 게임은 그냥 게임일 뿐입니다!

게임과 교육이 연결되는 세상

아니, 학교에서 게임을 한다고?

KBS 다큐멘터리 〈다큐세상〉에서 게임, 공부의 적일까라는 주제로 게임과 학교 수업의 접목 사례를 방영한 적이 있습니다. 다큐멘터리에서 교사는 초등학생들의 학습 의욕을 끌어올리기 위해 마치 게임하듯이 수업을 진행합니다. 교실 앞에 있는 대형 프로젝터에는 덧셈, 뺄셈과 같은 수학 문제들이 위에서 나타나 아래로 내려가는데, 문제가 화면 아래 끝까지 내려가기 전에 정답을 맞혀야 합니다. 학생들은 태블릿 PC를 활용해서 정답을 입력하고, 정답을 맞히면 화면의 문제가 마치 풍선 터지듯 뻥 하고 사라집니다. 학생들은 하나라도 문제를 더 풀기 위해서 눈에 불을 켜고 집중했는데요. 게임 같은 수학 문제 풀이가 끝나자 최종 점수가 공개되었고 학생들은 함성을 지르며 즐거워했습니다. 아이들은 "재미없고 지루한 줄만 알았던 수학시간이 좋아졌어요." "더 쉽게 이해되는 것 같아요."라며 입을 모았습니다. 학부모들에게도 같은 수업에 참관할 기회를 주었는데 이들 역시 긍정적인 반응을 보였습니다.

　지금 우리 교육은 어떤가요? 침묵만 흐르는 교실에서 입을 여는 사람은 교사뿐입니다. 학생들은 교사가 하는 말을 듣고 받아 적을 뿐 얼굴에 생기라곤 찾아볼 수 없습니다. 적막으로 가득했던 수업이 끝나면 짧은 쉬는 시간을 보내고 아이들은 또다시 긴 침묵 속으로 빠져듭니다. 초등학교에서는 재미있던 과학도 중학생, 고등학생이 되면서 등한시하게 됩니다. 실험이 사라지고 암기만 남게 되니까요. 거의 대부분의 과목에서 공부의 즐거움은 점점 찾기 힘들어지

 오늘의 득템

'게임은 공부의 장애물일까?' 하는 질문 아래 교육과 학습 분야에서 게임의 활용 가능성을 따져보는 다큐멘터리입니다. 이미 '게임기반학습(Game-based Learing)' 개념에 근거해 다양한 학습 모델과 여러 가지 교육용 게임이 개발되어 있음을 보여주는 동시에 각 분야 전문가들의 심층적인 분석과 함께 학부모들을 위한 실질적인 조언을 담았습니다.

고 교사와 학생 모두 힘든 나날을 이어갑니다. 하지만 다큐멘터리에서 보여준 것처럼 공부를 게임처럼 할 수 있다면 교실의 풍경이 조금은 달라지지 않을까요? 누구나 참여할 수 있고, 정답을 맞히면 그 자리에서 점수와 레벨이 올라가서 보상을 받으니 얼마나 신이 날까요? 역사의 위대한 인물을 게임 플레이하듯 조종해서 당시 문화와 사건을 체험할 수 있다면, 선택을 바꿔 전혀 다른 결과를 만드는 멋진 경험들을 쌓아간다면 어떨까요? 수업시간이 너무나 흥미로워질 것 같습니다.

게임의 등에 업힌 교육

교육과 게임을 융합하려는 시도는 이전부터 지금까지 활발하게 연구되고 있습니다. 미국 블룸스버그 대학교 칼 카프 교수는 저서 『게이미피케이션, 교육에 게임을 더하다』에서 학습 전문가를 위한 게임화 전략에 대해 이렇게 소개했습니다.

"게임은 사용자에게 실패를 용인하고, 고정관념의 틀을 벗어나도록 장려하며, 통제력을 느끼게 하는 이상적인 학습 환경입니다. 전통적인 학습 환경에 게임 요소를 더하면 몰입도와 상상력을 끌어올릴 수 있습니다."

"기존의 학습 환경에서 지문과 객관식 문항을 한없이 늘어놓는 방식으로 지식을 제대로 평가하거나 학생들에게 유익한 조언을 하기 어렵다면 게임을 활용할 수 있습니다. 교실에서는 끝도 없는 판서 대신 게임화를 활용할 수 있습니다."

"게임화는 학습의 지향점입니다. 학자, 교사, 기업 교육담당자, 강의 기획자 등 교육 전문가들은 게임화가 무엇인지 알고 있습니다. 사례연구를 살펴보면 그들은 지금까지 게임화를 활용해왔고, 지루한 내용을 즐거운 활동으로 바꿔나가면서 학습자들을 몰입시켰어요. 이제는 게임화의 개념을 탈피할 것이 아니라, 원래의 의미를 더욱 깊이 있고 풍성하게 만들 차례입니다."

미국 카우프만 재단에서는 게임 기반의 수업을 하는 교사와 강의를 잘하는 교사의 수업을 비교했습니다. 그러자 게임 기반의 수업이었을 때 학습 몰입도가 108퍼센트로 강의를 잘하는 교사의 수업(17퍼센트)보다 훨씬 높은 것으로 나타났다고 하는데요. 〈사이언스타임즈〉(2019. 01. 24) 위정현 한국게임학회 회장 겸 중앙대 교수는 게임과 교육의 결합이 학습의 몰입도를 키울 방안이라며 본인이 창시한 G러닝(Game-Learning)을 보급해야 한다고 주장했습니다. 2009년 전국 12개 학교에 시범 도입했는데 당시 경기도 초등학교 5학년을 대상으로 진행한 G러닝 방과 후 수업 결과, 영어 성적은 평균 23점, 수학은 13점이 올랐습니다. 특히 하위권 학생들이 영어와 수학에서 214퍼센트, 90퍼센트 성적 향상을 이뤘다고 합니다(《조선비즈》, 2020.06.01).

이 기사를 읽으면서 저의 고등학생 시절이 떠올랐습니다. 우리 학교에는 아주 독특한 물리 선생님이 있었어요. 185센티미터의 키에 만화 〈형사 가제트〉의 주인공 가제트를 쏙 빼닮아서 원래 이름보다 가제트라는 별명으로 더 많이 불렸던 분입니다. 가제트 선생님의 수업은 다른 수업과 달랐습니다. 수업 시작을 알리는 종이 울리고 교실 문이 열리면 선생님은 사탕, 캐러멜, 초콜릿이 가득 담긴 바구니를 들고 입장했습니다. 수업이 시작되면 곧 진풍경이 연출되곤 했는데, 수업의 내용을 이해하지 못하고 잠의 세계로 빠진 학생의 이마에 사탕을 휙 던지는 겁니다. 졸고 있던 학생은 졸지에 사탕을 맞고서 사탕을 입에 물고 잠에서 깨어났지요. 수업 시간에 쓸데없는 잡담을 하는 학생에게도 여지없이 캐러멜이 날아갑니다. 그러나 질문에 좋은 대답을 한 학생에게는 가제트 샘이 직접 초콜릿을 가져다주었습니다.

이제까지 수많은 수업을 들었지만 사탕을 던졌던 사람은 가제트 샘이 처음이자 마지막이었지요. 덕분에 머리에 쥐가 나는 과목이었던 물리학을 다른 과목보다 재미있게 들었습니다. 선생님께서는 게임의 특징 중 하나인 '즉각적인 피드백'과 '보상'을 수업의 환기 요소로 활용한 것입니다. 사탕 하나만으로 더욱 나은 수업 환경을 조성하다니, 정말 놀라운 게이미피케이션의 현장이었습니다.

게임과 교육은 시간이 지날수록 점점 가까워질 거예요. 누구나 지루한 수업보다 재미있는 수업을 선호하기 때문입니다. 게임은 전통적인 주입식 위주의 수업 방식을 서서히 바꿀 것입니다. 학생의 적극적인 참여를 유도하고 학업 성취도를 끌어올릴 거예요. 시간이 흐르면서 이러한 교육 방법은 점점 자리를 잡겠죠. 학생은 게임을 통해서 무언가를 배우는 것을 반길 테고, 교사는 그런 학생들의 참여를 독려할 것입니다. 게임과 교육의 연결고리는 무쇠처럼 단단해지고 이러한 변화는 게임의 접근성을 더 높일 것입니다.

e스포츠, 게임을 구경하는 즐거움이 커진다

e스포츠가 뭐지?

우리에게 'e스포츠'라는 용어는 더 이상 낯설지 않습니다. 게임을 좋아하는 사람이라면 누구나 프로게이머의 경기를 본 적이 있을 테니까요. 게임을 중계하는 캐스터와 해설자의 맛깔 나는 진행을 듣다 보면 나도 모르게 e스포츠에 빠지게 됩니다. 네이버, 다음과 같은 포털 사이트는 프로 야구, 프로 축구처럼 e스포츠 경기 일정과 상황을 보여줍니다. 그러나 e스포츠라는 용어를 아직 어색하게 느끼는 사람도 많습니다. 포털 사이트의 롯데 vs LG 야구 진행 상황 바로 아래 T1 vs KT의 e스포츠 진행 상황이 나오는 것을 여전히 낯설어 하는 것처럼요.

e스포츠는 언제부터 시작되었을까요? e스포츠라는 말은 2002년

김대중 정부 시절 처음 사용되기 시작했습니다. 세계에서 컴퓨터를 가장 잘 쓰는 나라를 만들겠다고 선포했던 대통령은 IT 강국을 기치로 네트워크, 정보, 통신 산업에 대한 지원을 확대했습니다. 이후 e스포츠에 대한 정치권의 관심도 덩달아 높아졌는데요. 임요환 선수는 프로게이머를 대표하여 청와대에 초청받기도 했습니다. 2002년을 기점으로 e스포츠라는 용어는 일반인들에게 점차 통용됐고 대중에게 알려지게 됩니다.

e스포츠는 'electronic sports'의 약자로 국민생활체육회는 e스포츠를 이렇게 정의합니다.

"e스포츠란 컴퓨터 및 네트워크, 기타 영상 장비 등을 이용하여 승부를 겨루는 스포츠로 지적 능력 및 신체적 능력이 필요한 경기이다. 대회 또는 리그와 같은 현장으로의 참여, 전파를 통해 전달되는 중계의 관전, 그리고 이와 관계되는 커뮤니티 활동 등의 사이버 문화 전반 또한 e스포츠 활동에 속한다."

간단히 이야기하면 게임을 통해 승부를 가리고, 그 경기를 중계하고 관람하는 것이라고 볼 수 있습니다. e스포츠가 태동하고 발전하는 모습을 옆에서 지켜보고 그 한가운데 있었지만, 게임이 스포츠가 되었다니 저 역시 아직 얼떨떨합니다.

e스포츠 열기는 예나 지금이나 놀라울 정도로 대단합니다. 우리나라에서는 '스타크래프트'에 이어 '리그 오브 레전드'가 e스포츠의 대표 주자로 자리 잡았고, 프로 축구와 프로 야구처럼 1군 경기는 물론 2군 경기도 꾸준히 진행되고 있습니다. 프로 게임단의 1군 선수가 되면 안정적인 수입이 뒷받침됩니다. 선수들이 편하게 게임할 수 있도록 제반 환경도 점점 나아지고 있어요. 수십억 원의 연봉을 받는 선수도 생겼습니다. 우리나라에서 활동하는 프로 스포츠 선수 중 가장 많은 연봉을 받는 선수가 있는 종목이 e스포츠라는 말도 들리는데요. 선수들의 연봉이 높아지고 제반 환경이 개선됐다는 것은 그만큼 e스포츠에 관심을 두고 경기를 시청하는 사람이 늘었다는 뜻입니다. 모든 프로 스포츠는 시청자의 관심에 비례하여 시장성이 책정되고 규모가 성장하기 때문입니다.

e스포츠의 특징

e스포츠는 게임을 '하는 즐거움'에서 '보는 즐거움'으로 바꾸었습니다. 본인은 게임에 소질이 없더라도 이제 좋아하는 선수들의 경기를 보면서 마음껏 게임을 즐길 수 있게 된 것입니다. 게임을 직접 하려면 손을 계속 움직여야 해서 힘들지만 게임을 보는 것은 가만

히 누워서도 할 수 있습니다. 과자와 음료를 옆에 두고 먹으면서 영화 보듯 편하게 관람하면 그만입니다. 이렇듯 e스포츠는 프로 축구, 프로 야구, 프로 농구, 프로 배구와 같이 하나의 스포츠로 인정받으면서 10대의 문화로 자리 잡았습니다.

e스포츠가 우리나라의 문화에만 국한되는 건 아닙니다. e스포츠는 전 세계에서 서로 앞 다투어 육성하려고 하는 전략 콘텐츠 중 하나입니다. 따라서 각국 정부와 기업에서 e스포츠를 바라보는 시각도 점차 긍정적인 방향으로 변하고 있는데요. 중국은 수도 베이징을 e스포츠 중심지로 만들겠다는 포부를 밝혔습니다. 중국 공산당은 "e스포츠 베이징 2020 이니셔티브를 모토로 시진핑 중국 국가주석이 2025년까지 약 1,700조 원을 투자하겠다."고 밝혔고, 이어서 "e스포츠와 관련된 모든 부분을 지원할 예정이다. e스포츠는 핵심 신기술을 활용할 수 있는 훌륭한 수단이 될 것이다."라고 e스포츠 투자에 나선 배경을 설명했습니다(《홍콩 사우스차이나모닝포스트》, 2020. 08. 18). 한편 미국 골드만삭스는 "e스포츠가 주류로 옮겨가고 있다. 이제 e스포츠는 마케팅 수단이 아니라 그 자체로 큰 수익원이다. 온라인 비디오 회사뿐만 아니라 하드웨어 제조에 이르기까지 광범위한 생태계가 생기고 있다."라고 평가했습니다.

기업도 적극적으로 지원하고 나섰습니다. 소노호텔앤리조트 김태홍 본부장은 e스포츠를 새로운 투자 대상으로 지목했습니다. "리조트 사업이 e스포츠와 관련이 없어 보일 수 있다. 하지만 리조트 사업을 자세히 살펴보면 단순히 숙박만을 제공하는 데 그치지 않고 고객들에게 즐거움을 주기 위한 다양한 콘텐츠를 제공하고 있다는 점을 알 수 있다. e스포츠는 새로운 고객층을 확보할 수 있는 충분한 장점을 가지고 있다." "e스포츠는 최근 떠오르고 있는 가장 강력한 소프트웨어 산업이자 엔터테인먼트 산업이다."라며 기대를 드러냈지요(《세계일보》, 2020. 07. 28). 글로벌 e스포츠 기업 젠지의 CEO 크리스 박은 "e스포츠는 '디지털 월드' 태생이다. 야구, 축구 등 주요 스포츠는 산업적으로 성장한 다음에 미디어를 만났지만, e스포츠는 성장 단계부터 미디어와 결합했다. 그래서 파급력과 성장 가능성이 전통 스포츠보다 더 크다. e스포츠는 인류 역사상 최초로 인종, 성별, 나이와 관계없이 누구나 즐기는 스포츠가 되었다."라고 인터뷰했습니다(《중앙일보》, 2019. 02. 03).

아시안게임은 4년에 한 번씩 개최되는 아시아의 스포츠 축제인데요. 2018년 자카르타 아시안게임에서는 e스포츠가 시범종목으로 채택됐습니다. 사람들은 e스포츠가 시범종목으로 채택되었다는 소식에 깜짝 놀랐는데요. 대한민국을 대표하는 e스포츠 선수들도 여기 참가하여 가슴에 태극기를 붙이고 메달을 따기 위해서 마우스와 키보드를 열심히 조작했지요. 안타깝게도 2022년 항저우 아시안게임에서는 e스포츠가 정식종목으로 채택되지 않았지만 e스포츠가 아시안게임 종목으로 논의되고 있다는 것 하나만으로 e스포츠의 잠재력은 증명되었다고 봅니다. e스포츠의 성장세를 고려할 때 머지 않은 미래에 정식종목이 될 것 같습니다. 그렇게 되면 우리는 태권 도나 양궁 경기를 보듯이 e스포츠 국가 대항전을 시청하게 될 것입 니다.

e스포츠의 인기 상승에 발맞춰 게임에 대한 관심은 더 커지게 될 텐데요. e스포츠라는 용어가 처음 사회에 전파됐을 때 기성세대 들은 혀를 끌끌 찼습니다. "게임이 무슨 스포츠야. 말세다, 말세야." "어차피 정치권에서 젊은 층의 표를 얻기 위해서 한 말이겠지. 금방 없어지고 말 거야."라고 말했지만 그들의 예상을 뒤엎고 e스포츠는 20년을 넘게 성장했습니다. 사람으로 치면 성인의 나이가 지난 셈이 지요.

저는 e스포츠의 열기가 시간이 지날수록 더 뜨거워질 것이라고 생각합니다. 앞으로 자라날 세대들은 게임에 더 친숙할 것이고 지 금 e스포츠를 보는 사람들은 나이가 들어도 e스포츠를 시청할 테 니까요. 그리고 e스포츠의 발전 현상은 자연스레 게임의 발전으로 이어질 것입니다.

게임 산업의 전망은 장밋빛입니다

기술이 발전하면 게임도 발전한다

초고속 네트워크 기술의 도입과 함께 2000년대부터 급성장한 게임 산업은 한계를 잊은 채 지속해서 발전했습니다. '이제 이 게임보다 뛰어난 게임은 나오지 않겠지'라고 생각하는 순간, 그런 생각을 비웃기라도 하듯 더 우수한 게임이 출시됐지요. 게임 그래픽은 나날이 진보했고, 캐릭터의 표정과 움직임은 점점 현실 인간의 모습과 가까워졌습니다. 게임의 세계관은 하나의 판타지 소설책을 보는 것처럼 방대해졌고 게임의 줄거리는 잘 짜인 영화 각본을 읽는 것 같은 느낌마저 줍니다.

반도체, 하드웨어, 소프트웨어 기술의 발전은 게임 산업의 발전과 궤를 함께하는데요. **가상현실**이나 **증강현실** 등 새로운 기술의 등장은 보다 실감나는 게임의 탄생을 유발했습니다. 영화 〈아바타〉 〈레디 플레이어 원〉처럼 사람이 직접 오프라인, 온라인 캐릭터와 연결되어 육체를 움직이고, 가상의 세계에서 느끼는 감정이 현실에서 느끼는 감정과 구분이 되지 않는 게임이 나올지도 모릅니다. 기술의 발전에 끝이 없듯이 게임의 발전도 끝이 없을 거라고 감히 예상해봅니다.

 오늘의 득템

가상현실(Virtual Reality)은 컴퓨터로 만들어놓은 가상의 세계에서 실제와 같은 체험할 할 수 있는 기술입니다. 그리고 증강현실(Augmented Reality)이란 현실의 이미지나 배경에 3차원 가상 이미지를 겹쳐서 하나의 영상으로 보여주는 기술이죠. 가상현실은 가상의 공간을 바탕으로 하는 반면 증강현실은 현실의 공간을 활용한다는 차이가 있습니다.

〈아바타〉 영화 포스터
〈레디 플레이어 원〉 영화 포스터

관이 주도하는 게임 산업 육성 정책

정부, 지방자치단체, 국회에서도 손을 맞잡고 게임 산업 육성에 역량을 집중하고 있습니다. 21대 여야 국회의원 19인은 2020년 7월 '국회 문화 콘텐츠포럼' 창립총회를 열었습니다. 여기서 조승래 의원은 "콘텐츠는 동시대를 살아가는 인간에게 행복을 주며 기술 발전을 가늠하는 척도"라며 "국회 문화 콘텐츠포럼은 게임, 영화, 만화 등 분야별 모임을 만들고 전방위로 활동할 예정"이라고 말했습니다. 정부도 환영의 뜻을 밝혔고요. 박양우 문화체육부 장관은 "게임과 방송, 애니메이션이 없는 세상을 상상할 수 있겠냐."고 하면서 "콘텐츠는 우리 국민에게 큰 힘이 되고 있다."라고 게임의 가능성을 높게 평가했습니다(《아이뉴스》, 2020. 07. 08).

그리고 한국콘텐츠진흥원은 게임 인재 육성을 위해 청소년들이 직접 게임개발 과정을 경험하고 전문가 멘토링까지 운영하는 게임 페스티벌 '2020 대한민국 청소년 온라인 게임잼'을 개최했습니다. 김혁수 게임본부장은 "게임 산업 차세대 인재를 발굴할 것으로 기대된다. 게임 개발자 꿈을 꾸는 청소년들이 머리를 맞대고 게임 산업에 대한 열정을 함께 키워나가는 발전적인 자리가 되기를 바란다."고 당부했습니다(《머니투데이》, 2020. 08. 20).

또한 임문영 경기도 미래성장정책관은 경기도청에서 기자회견을 열고 "경기도는 새로운 성장 동력으로 주목받고 있는 e스포츠 및 게임 산업을 육성하기 위해 관계 기관 및 전문가 의견을 수렴하여 게임문화, e스포츠, 기업육성, 전시회 4개 분야에 대한 후반기 추진 방향을 마련했다."고 밝혔지요(《더게임스 데일리》, 2020. 07. 28).

4차 산업의 꽃, 게임

전 세계가 인터넷을 통해 하나로 연결된 것도 게임 산업의 성장에 고무적인 측면입니다. 이른바 초연결 시대에 걸맞게 우리는 다른 나라에서 출시한 게임을 클릭 한 번으로 다운받고 즐길 수 있습니다. 마찬가지로 우리나라에서 개발한 게임도 다른 나라에 손쉽게 유통되지요. 게임을 기반으로 지구 반대편에 사는 사람과 마음껏 소통할 수 있는 시대가 된 것입니다. 살아온 환경이 다른 각각의 나라의 개발자들이 그들의 철학으로 연구하고 출시하는 게임들은 서로 영향을 주고받으면서 더 놀라운 게임을 계속 창조해낼 것입니다.

게임에 대한 인식도 날로 변하고 있습니다. 게임의 위상이 높아지며 유명 연예인이 공중파 방송에서 게임을 광고하는 모습은 이제 심심치 않게 볼 수 있게 되었지요. 게임 광고가 케이블 방송을 통해 송출되었을 때 적지 않은 사람들이 놀랐습니다. 텔레비전 광고에는 옷, 음식, 가구, 가전제품, 자동차 같은 상품만 나오는 줄 알았는데 게임 장면이 나오니 기분이 이상했지요. 처음에는 게임 캐릭터가 화면에 나와 게임을 홍보하는 광고가 많았지만 어느 순간 연예인들이 게임 속 캐릭터의 분장을 하고 광고에 출연하기 시작했습니다. 아니, 저 사람이 굳이 게임 광고를 해야 할 필요가 있나 싶을 정도의 유명 연예인들도 종종 보이는데, 이것이 바로 게임의 인식이 변해가고 있다는 것을 직접적으로 보여주는 대목입니다. 게임 광고에 연예인들이 출연한다는 것은 광고를 통한 이미지 손실이 없다는 판단이 섰기 때문일 테죠. 나이 지긋하신 연예인들의 출연은 젊은 층에 신선하다는 이미지를 심어줄 수도 있습니다. 게임 산업을 바라보는 시선이 변하면서 게임에 대한 인식 역시 나날이 긍정적으로 변하는 중입니다.

산업의 흥망성쇠는 그 시대의 풍경과 미래상을 보여주는 지표입니다. 1차 산업에서 2차, 3차, 4차 산업으로 성장하면서 그 시대에 필요한 산업은 국가의 보조를 받고 해당 산업은 나라의 경제를 견인했습니다. 시대의 흐름에 부응하지 못하는 산업은 잠시 반짝였다 사라지거나 기억 속에서 잊혔고요.

게임은 어떤가요? 게임 산업은 지식 정보, 네트워크, 인공지능, 소프트웨어 기반의 4차 산업을 대표하는 핵심 산업으로 자리 잡았습니다. 이제 게임이 없는 세상은 상상하기 힘들어요. 기술의 발전이 게임의 발전으로 이어지듯이 게임 산업은 다른 기술의 성장에 맞춰 앞으로 계속 진화할 것입니다. 국민의 관심과 정부, 지방자치단체, 국회의 지원을 받으면서 시간이 지날수록 그 위치를 더욱더 견고히 다질 것입니다.

게임, 나의 평생 친구

게임이 공기처럼 익숙해지다

우리를 둘러싼 게임 환경의 변화를 소개하면서 게임이 삶의 방식에 밀접한 영향을 미칠 수 있다는 것을 알아보았습니다. 특히 지금 학창 시절을 보내고 있는 여러분에게 이 변화가 미칠 파급력은 상상 이상이 될 것입니다. 우리가 즐길 수 있는 여가 활동 중 게임의 비중이 무엇보다 크기 때문입니다.

게임은 나날이 재미있어지고, 정부와 국회는 게임 산업의 발전을 지원하고 있습니다. 외동자녀 가정과 1인가구의 증가를 둘러싼 인구구조의 변화는 사람들을 게임에 더 많이 노출되게 합니다. e스포츠 시장은 끝을 모르고 성장하고 국가 대항전이 이뤄질 정도로 규모가 커졌습니다. 코로나19의 여파로 게임 이용 시간은 늘어났고 동시에 게임의 유혹도 떨쳐내기 힘들어졌는데요. 심지어 스마트폰 이라는 다용도 게임기가 곁에 있는 한 게임을 외면하는 일은 불가능할 것으로 보입니다. 게임은 빛처럼 빠른 속도로, 높이를 가늠할 수 없는 거인의 걸음으로 순식간에 우리 삶을 장악할 것입니다.

가벼운 마음으로 편하게 게임하기

앞서 말했듯이 부모는 게임하는 자녀를 좋아하지 않습니다. 솔직하게 말하면 싫어하지요. 마음 같아서는 게임을 못하게 하고 싶지만 억지로 참는 것뿐입니다. 부모도 한 세대 전과 다르게 게임을 직접 해봤을 확률이 높고, 게임이 무엇인지 잘 알고 있지만 자녀가 게임하는 것을 좋아하지 않는 현상은 세대를 막론하고 반복되는 모습입니다. 부모의 생각과 다르게 이제 게임은 "하면 안 된다." "어떻게든 못 하게 해야 한다."와 같은 부정적인 접근 방식으로 다룰 수 있는 범주를 이미 벗어났습니다.

게임을 처음 시작하게 되는 계기나 시기엔 차이가 있을지 몰라도 우리 모두 언젠가 게임을 하게 되고 자신도 모르는 사이 게임에 빠지게 되는 순간도 찾아올 것입니다. 게임이 일상이 된다는 뜻인데요. 그러므로 자녀도 부모님도 '게임은 득이 될 게 하나도 없어. 시간 낭비야'라는 오래된 인식에서 벗어나야 합니다. 게임을 접근하기 어려운 비밀스러운 것으로 만들지 말고, 하고 싶으면 언제든지 할 수 있는 취미 활동으로 만들어야 해요. 오늘 하루 게임을 얼마나 할 것인지, 나의 삶에 어떻게 활용할 것인지에 대한 자기 주관과 통제력은 이런 환경 속에서만 제대로 작동할 수 있습니다.

지금 이 순간 게임하는 자신을 제어할 수 있어야 학창 시절을 더욱 알차고 행복하게 보낼 수 있습니다. 우리가 친구들과 함께 운동하고, 노래방에 간 것을 부모에게 자연스럽게 이야기할 수 있듯이 게임을 주제로 함께 편하게 대화를 나눌 수 있어야 합니다.

이제 본격적으로 게임에 빠진 우리의 삶을 어떻게 봐라봐야 할 것인지, 어떻게 게임을 건강하고 슬기롭게 활용할지 자세하게 이야기를 나누어볼 것입니다. 더불어 게임이라는 저울의 정반대에 놓여 있는 것처럼 보이는 '공부' 이야기도 함께 해볼까 합니다. 그리고 게임 때문에 벌어지는 부모님과의 갈등을 어떻게 풀어나가야 할지 생각해 볼 것입니다. 마지막으로 인생을 바꾸는 마음가짐을 통해 내면을 가다듬고 게임과 공부 사이에서 균형을 유지하며 자기 주도성을 확립하는 방법도 알아볼 것입니다.

나의 게임 연대기

저는 초등학생 때부터 게임에 빠져 장르를 불문하고 학창 시절을 게임과 함께 보냈습니다. 게임으로 도배했다 싶을 정도로 게임을 하고 또 게임을 했습니다. 학교를 나서면 항상 집에 와서 게임기나 컴퓨터를 켰고, 그게 아니면 오락실이나 PC방으로 갔습니다.

게임을 좋아하다 못해 사랑한 나머지 중학교 3학년 때부터 부산에서 서울까지 게임 대회를 찾아 참가했고, 고등학교 2학년 때는 스타크래프트 프로게이머로 방송 경기에 데뷔했습니다. 프로게이머로 활동했다가 학업에 집중했다가를 반복하며 직·간접적으로 25살까지 7년 동안 프로게이머 생활을 했습니다. 게임을 누구보다 좋아했고, 프로게이머까지 경험해본 인생 선배로서 학생 때 느꼈던 점들, 지금 와서 그때를 돌아보며 아쉬웠던 부분들, 만약 지금의 내가 학생이었던 나에게 조언할 수 있다면 어떤 이야기를 해줄 것인지 고민한 내용을 모두 책에 담았습니다.

종이 가방에 주섬주섬 마우스와 키보드를 넣고 다녔던 10대의 코흘리개는 어느덧 40을 바라보는 수염 덥수룩한 아저씨가 되었고 다섯 살 자녀를 둔 아빠가 되었지만 게임에 빠져 있었던 나날들이 아직도 선명합니다. 후회가 남지 않도록 온 힘을 다해 게임을 했던 그때가 제 인생에서 가장 열정적인 시기가 아니었을까 생각해요. 지금은 육아를 위해 잠시 게임을 하지 않지만 새로운 게임에 대한 관심은 여전합니다. 게임은 평생을 함께하는 취미 활동이자 단짝 친구일 텐데요. 친한 친구의 특징은 '서로를 잘 아는 것'입니다. 게임이 여러분의 절친이라면 그 특성을 누구보다 속속들이 알아야겠죠? 이제부터 저와 함께 '게임 파헤쳐서 내 것으로 만들기' 여행을 떠나봅시다.

게이머를 위한 아포리즘

게임은 거부할 수 없는 이 시대 대표 콘텐츠이자 문화다.

기술 발전, 사회 구조 변화, 비대면 시대의 도래는 게임의 질을 높이고 확산시킨다. 게임에 노출되는 시간을 증대시킨다.

어떻게 하면 게임을 안 할 수 있을지 고민하지 말고 어떻게 하면 올바르게 게임할 수 있을지 생각하라.

게임은 하는 즐거움에서 보는 즐거움까지 영역을 확장했다. 게임이 없는 삶은 상상할 수 없다.

게임과 교육의 융합은 게임의 접근성을 높인다.

게임 습관을 어떻게 형성하는지가 중요하다. 노인이 되어도 게임을 할 확률이 높다. 세 살 버릇 여든까지 간다.

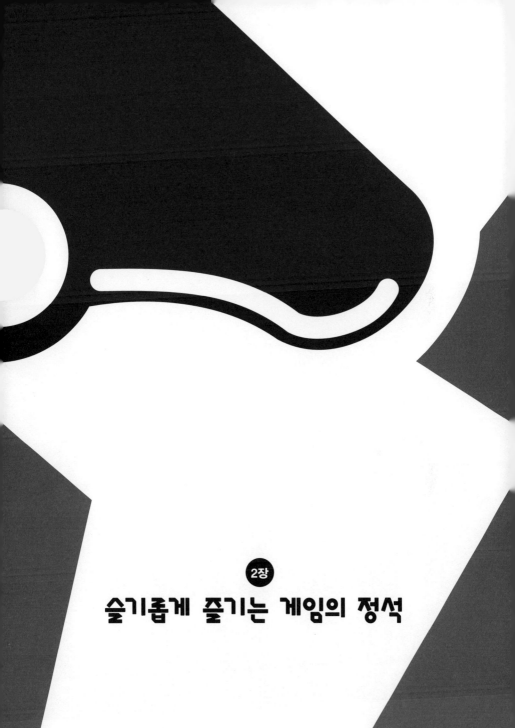

2장

슬기롭게 즐기는 게임의 정석

게임 실행 버튼을 클릭하는 이유는 무엇일까?

나의 인생 첫 게임

저는 일곱 살에 처음 게임을 시작했습니다. 당시에 '재믹스'라는 비디오 게임기가 있었는데요. 게임팩을 게임기에 꽂고 전원을 켜면 텔레비전을 통해 게임 화면이 나왔지요. 지금의 '플레이스테이션'이나 '닌텐도 스위치' 같은 일종의 콘솔 게임기였습니다. 게임 제목은 〈남극대모험〉이었습니다. 주인공인 펭귄을 조이스틱을 통해 조작했죠. 게임이 시작되면 펭귄이 자동으로 앞으로 쭉 나아가는데 중간중간 장애물이 나옵니다. 빙산도 나오고, 얼음 구멍도 나와요. 열심히 조이스틱을 좌우로 조작해 장애물을 요리조리 피하고 골인 지점까지 무사히 나아가면 성공입니다. 한 판, 두 판 넘어가면서 장애물이 많아지고 난도가 올라가지만 게임 방식은 동일합니다.

어떤 게임이었는지 정확하게 알고 싶어서 인터넷에서 찾아봤더니 아주 단순한 게임이었습니다. 현재 발매되는 화려한 그래픽을 자랑하는 게임과 비교하면 너무 차이가 많이 나서 저절로 미소가 지어졌습니다. 어렸을 때 했던 게임의 잔상이 아직도 남아 있다는 것은 그 게임을 참 좋아했다는 것을 나타내는 거겠죠? 시간이 지나 과거의 것들을 바라보면 부족한 점이 눈에 보이지만 당시에는 많은 사람이 열광한 것들입니다. 인간의 기억은 미화되고 추억은 보정이 되나 봅니다.

〈남극대모험〉을 통해 펭귄으로 빙의하여 간접적으로 남극을 탐

오늘의 득템

파이널판타지7 클라우드, 버추어파이터1 아키라 등 90년대 중반 3D 게임의 주인공들을 보세요. 지금 보면 우스꽝스럽지만 당시에는 '우와' 하는 감탄사를 연발하는 그래픽이었습니다.

버추어 파이터 아키라

파이널판타지 클라우드

험한 뒤로 저는 항상 게임을 즐겼습니다. '재믹스' '패미콤' '슈퍼패미콤' '플레이스테이션' '닌텐도64'로 이어지며 게임기의 성능은 나날이 발전했고 게임을 보는 눈도 덩달아 높아졌습니다. 시간이 지날수록 완성도가 높은 게임이 출시되었지요. 막대기를 이어 붙여 만든 것처럼 조잡한 게임 캐릭터는 진짜 사람처럼 변했고, 단조로운 기계 효과음은 풍성한 오케스트라 연주로 바뀌었습니다. 나이를 먹으면서 오락실에서 집으로, 집에서 PC방으로, PC방에서 프로게임단 연습실로 장소가 바뀌었지만 저는 언제나 게임과 함께였습니다.

물론 학창 시절에 게임만 했던 것은 아니었습니다. 초등학생 때는 집 앞 놀이터에서 동네 형들과 놀았고, 또래 친구들처럼 학원에도 다녔습니다. 만화를 좋아해서 쉬는 시간에 캐릭터를 그려 친구들에게 보여주기도 했고요. 『드래곤볼』, 『슬램덩크』에 빠져 만화책을 사는 데 일주일치 용돈을 다 쓰기도 했습니다. 그러나 수많은 활동 중에서 가장 많은 시간을 보냈던 것은 단연 게임이었죠. 게임은 소년 시절 제 삶의 일부분이었고 가장 가까운 친구였습니다.

형과 저의 관심사가 비슷했다는 점도 '게임 소년'이 되는 데 한몫했습니다. 혼자 하는 게임도 재미있었지만, 두 살 터울의 형과 함께하는 게임은 더 재미있었죠. 같은 게임을 두고 누가 먼저 끝을 보는

지 알게 모르게 경쟁하기도 했습니다. 형이 오래 게임하는 것을 참지 못하고 한 판 시켜달라고 조른 적도 참 많습니다. 이렇게 게임을 좋아하고, 게임에 몰입했던 이유는 '재미있었기' 때문입니다. 저에게 "게임 해봐."라고 권유한 사람은 아무도 없습니다. 스스로 게임에 빠져든 거예요.

우리는 왜 게임을 할까?

지금 즐기고 있는 게임을 왜 시작하게 됐는지, 왜 하고 있는지 생각해 본 적이 있나요? 저처럼 게임이 재미있어서 하는 것인지, 아니면 게임 자체의 재미보다는 친구와 어울리기 위해서 게임을 하는지, 그게 아니라면 또 다른 이유가 있는지 말이에요. 대체 게임은 왜 하고 있는 걸까요?

우리가 하는 모든 행동에는 다 이유가 있습니다. 학교에 가는 이유는 살아가는 데 기초가 되는 지식과 지혜를 얻기 위해서고, 직장인이 회사에 나가서 일하고 경제활동을 하는 이유는 돈을 벌고 자아를 실현하기 위해서죠. 가수가 곡을 쓰고 노래하는 이유는 음악으로 자신의 감정을 표현하고 대중과 공유하기 위해서일 테고, 프로 스포츠 선수들이 죽어라고 운동하는 이유는 좋은 성적으로 대

중의 관심에 보답하고 몸값을 올리기 위해서입니다. 직업, 성격, 환경에 따라 이유는 제각각이지만 모두 다 자기가 하는 일을 통해서 자신의 가치를 찾습니다. 그렇다면 게임은요?

제가 하루의 대부분을 게임과 함께 보냈던 것은 재미있었기 때문이라고 이야기했지만, 그것은 어른이 된 제가 과거의 저를 돌아보며 어림짐작한 이유일 뿐입니다. 그때 정확히 무슨 생각으로 게임에 몰두했었는지는 잘 떠오르지 않아요. 게임을 무진장 많이 했다는 것만 기억납니다. 당시에는 왜 게임을 하는지 생각할 수 있을 정도로 성숙하지 않았고 누가 저에게 그런 질문을 한 적도 없었거든요. 솔직히 다른 일이나 놀이보다 게임이 '훨씬 더 재미있어서' 빠져들었습니다.

10대의 나이에 어떤 일을 왜 하는지 답을 찾아내는 건 어려운 일입니다. 그렇지만 자신이 어떤 일을 왜 하는지 생각해보는 것은 매우 중요합니다. 내가 이 일을 왜 하고 있는지도 모른 채 하루하루를 보내고 있다면 소중한 시간을 낭비하게 되는 셈이니까요. 운이 나쁜 경우 나아가야 할 방향을 잃어버리고 잘못된 방향으로 빠져버릴지도 모릅니다. 생각을 가다듬기 위한 첫 걸음으로 아래 리스트를 보며 여러분이 게임을 하는 이유에 해당하는 문장을 체크해봅시다.

───── 체크리스트 ─────

☑ 학업 스트레스를 해소하기 위해서 게임을 한다.

☐ 게임 말고는 할 게 없다.

☐ 그냥 좋아하기 때문이다.

☐ 하루가 너무 길어서 남는 시간을 보내기 위해서다.

☐ 프로게이머가 되기 위해서다.

☐ 외로움을 달래려고 게임을 한다.

☐ 부모님이 싫어하니까 반항하려고 더 많이 한다.

☐ 친구들과 소통하기 위해서 게임을 한다.

☐ 공부가 재미없으니 다른 일에 몰두하고 싶어서 게임한다.

☐ 게임을 잘하면 성취감을 느낀다.

☐ 게임을 잘하면 아이들한테 인기가 높아지고
　　그러면 자존감이 높아진다.

　여러분은 왜 게임을 하시나요? 어쩌면 어린 시절의 제가 그랬듯이 특별한 이유가 없을지도 모릅니다. 그래도 한번 생각해봅시다. 잠시 책을 덮고 1분만 곰곰이 생각해보세요.

　게임을 왜 하는지 생각해야 하는 이유는 나를 돌아보는 과정이 있어야 올바르고 건강하게 게임을 오래 즐길 수 있기 때문입니다. 언론에서 흔히 말하는 게임 중독, 게임 과몰입에 빠지는 원인은 게임을 왜 하는지 돌아보지 않고 맹목적으로 게임을 하기 때문입니다.

프로게이머가 되고 싶니?

나의 프로게이머 시절

　게임을 좋아하는 10대에게 프로게이머는 우상과 같습니다. 게임에 몰입하다가 부모에게 혼나면 이렇게 말하는 사람도 많아요. "엄마, 나 프로게이머 될 거라고. 그러니까 게임하는 거 가지고 뭐라고 하지 마세요." "프로게이머로 성공해서 돈 많이 벌고, 유명해질 거예요." "지금 텔레비전에 나오는 선수 보세요, 나랑 나이도 똑같아요." "제가 프로게이머가 되어서 아버지 집 한 채 사드릴게요."

　이야기하는 내용만 보면 정말 다들 꿈을 이루고 멋진 인생을 살 것 같습니다. 프로게이머는 찬란한 햇빛을 받고 반짝반짝 빛나는 푸른 바다처럼 매력적인 직업입니다. 빠르면 10대부터 다른 사람이 평생 벌지 못할 돈을 손에 쥘 수 있고, 부러운 시선을 한 몸에 받을 수 있습니다. e스포츠 경기를 통해 내 얼굴이 텔레비전에 생방송되고, 실력과 인지도를 겸비하면 공중파 방송에도 진출할 수 있습니다. 국제 경기에서 국가대표로 나설 수 있고, 전 세계 수많은 팬에게 뜨거운 응원과 환호를 받을 수 있습니다. 상상만 해도 어깨가 들썩입니다.

저도 이런 모습을 상상하면서 프로게이머에 입문했는데요. 큰 성공을 거두지는 못했습니다. 그렇다고 실패한 것은 아닙니다. 표현이 조금 이상하지만 반만 성공했다고 생각해요. 지나가는 사람이 가끔 '어, 저 사람 어디서 본 것 같은데'라고 고개를 갸우뚱할 정도라고 할까요?

프로게이머가 되는 것은 밤하늘의 별 따기처럼 어려운 일이었지만 프로게이머가 된 이후에 날고 기는 선수들 틈에서 최고가 되는 것은 그보다 훨씬 더 어려운 일이었습니다. 현재 e스포츠에서 가장 인기가 있는 '리그 오브 레전드 프로리그'에 빗대면 1군 리그인 챔피언스 리그에서 한 번 우승하고 3~4년 동안 팀의 주전 멤버로서 활약한 수준입니다. 시대를 대표할 정도로 뛰어난 프로게이머는 아니었지만 전성기 시절에는 부끄럽지만 팀의 에이스라는 소리도 잠시 들었습니다. 다른 선수들에게 알게 모르게 견제를 받기도 했고요. 전체적으로 보면 무난하게 선수생활을 했습니다.

내 실력을 제대로 아는 것이 먼저다

프로게이머 되기가 여러분 마음에서 우러나온 간절한 소망인가요? 만일 그렇다면 힘껏 응원하고 싶습니다. 목표를 정하고 그걸 달성하기 위해 몰입하는 것은 멋진 일이니까요. 정말 프로게이머가 되고 싶다면 학업 이외의 일은 모두 뒷전으로 미루고 학교 이외의 공간에서는 게임만 하기를 바랍니다. 학업은 앞으로 살아갈 날들의 밑거름이 되기 때문에 소홀히 할 수 없지만 다른 취미 활동들은 나중에 해도 괜찮습니다. SNS, 친구와 노래방 가기, 유튜브와 텔레비전 보기, 인터넷 서핑은 하지 말고 오로지 게임 생각만 하고 게임에 집중해야 해요.

우선 프로게이머가 되고 싶은 마음의 크기가 어느 정도인지 자신을 돌아보세요. 진심으로 프로게이머가 되고 싶어서 게임을 하는 것인지, 게임을 하기 위해서 프로게이머가 되고 싶다는 핑계를 대는 것인지 확실하게 구분해야 한다는 뜻이지요. 안타깝지만, 프로게이머가 되고 싶다고 해서 모두 프로게이머가 될 수 있는 건 아닙니다. 다른 분야도 마찬가지겠지만 이 세계엔 워낙 도전하는 사람이 많아 경쟁이 말도 못할 정도로 치열합니다. 천부적인 재능을 가진 사람이라면 상대적으로 빨리 프로의 수준에 도달하겠지만, 목숨을 걸고 해도 프로게이머가 되지 못하는 사람도 있습니다.

'프로게이머가 되면 마음껏 게임을 할 수 있어서 좋겠다. 만약 프로게이머로 데뷔하지 못하면 어떡하지? 에이, 그냥 다른 거 하면 되겠지, 뭐'라는 가벼운 마음으로는 프로의 세계에 발을 들일 수는 없습니다. 설령 프로가 되더라도 몇 년 안에 사람들의 기억에서 잊히는 선수가 될 거예요. 예를 들어봅시다. 3년 전에 활동했던 프로게이머 중에 떠오르는 선수가 몇 명이나 되나요? 몇 명 없죠? 그만큼 기억에 남는 선수가 되기 힘들다는 뜻입니다.

정말 진지하게 프로게이머가 되고 싶다면 가장 먼저 '내가 얼마나 게임에 재능이 있는지'를 알아야 합니다. 자신의 실력이 해당 게임에서 어느 수준인지 가늠해야 해요.

───── 게임 능력 수준을 파악하는 체크리스트 ─────

☑ 3개월 정도 기간을 정하고 게임에만 전념한다.

☐ 정해진 기간 동안 실력을 얼마나 올릴 수 있는지 파악한다.

☐ 프로게이머에 준하는 등급에 올라서야 한다.

☐ 제3자의 눈으로 평가하는 나의 실력은 어느 정도인가 알아보라.

☐ 친구나 지인에게 내 실력이 어느 정도인지 물어본다.

프로게이머가 되기 위한 여정은 나를 제대로 아는 것부터 시작됩니다. 실력은 전혀 미치지 못하는데 프로게이머가 되고 싶다고 말한다면 무모한 객기일 뿐입니다. 몇 개월 이내에 프로게이머로 데뷔해서 성공할 정도의 실력과 재능을 가지고 있는 게 아니라면 고등학교 학업을 마치고 프로게이머에 도전했으면 좋겠습니다. 프로게이머의 전성기는 길어야 5년이고, 선수 생활을 그만둔 이후에는 또 다른 삶을 준비해야 하기 때문이에요. 학업을 제대로 마쳤다면 설령 프로게이머가 되지 못하더라도, 프로게이머로 활동하다 은퇴하게 되더라도 향후 진로를 금방 설정할 수 있습니다. 만약 학업을 포기하고 프로게이머에 모든 것을 투자했는데도 불구하고 프로게이머가 되지도 못한다면 어떻게 해야 할까요? 아마 인생 2막을 구상하는 데 큰 어려움을 겪게 될 것입니다.

프로게이머 선배임에도 불구하고 여러분에게 "게임에 올인하지 마라."고 해서 미안합니다. 야속하다고 생각하지 않았으면 좋겠어요. 저와 같이 활동했던 선수들 중에 게임을 그만두고 선수일 때보다 나은 삶을 사는 경우를 별로 보지 못했기 때문입니다. 감독, 코치, 해설가로 전향하여 더 좋은 모습을 보여주고, 개인방송을 통해 제2의 전성기를 구가하는 등 선례도 있었지만 일반인들이 이름도 제대로 기억하지 못하는 대부분의 선수들은 불법 도박을 하거나 막노동을 하면서 하루를 보내고 있습니다. 본인의 삶을 비관한 나머지 스스로 목숨을 끊은 선수도 있고요.

프로게이머라고 하면 머릿속에 떠오르는 유명 선수처럼 반드시 성공할 거라고 100퍼센트 자신할 수 있나요? 프로게이머의 꿈을 꾸고 도전하되, 프로게이머를 그만둔 이후의 인생까지 염두에 두고 넓은 관점에서 신중하게 인생을 계획하기를 바랍니다.

내가 마우스 대신 책을 챙기게 된 사연

행복했던 프로시절

저에게 프로게이머 생활은 커다란 의미로 남아 있습니다. 프로게이머가 되기 위해 고군분투했던 중·고등학생 때부터 프로게이머를 그만두고 공부를 다시 시작한 20대 중반, 게임과 전혀 다른 분야인 자동차를 설계하는 일을 하는 지금까지도 프로게이머 경험이 삶의 전반에 미치는 영향은 이루 말할 수 없이 큽니다.

프로게이머로 활동하면서 참 행복했습니다. 타고난 게임 재능을 가진 형, 친구, 동생들과 어울리며 게임을 배우고 그들과 함께 프로리그에서 활약했습니다. 2004년 프로리그 결승전에서는 고향인 부산 광안리 해수욕장을 무대로 10만 관중 앞에서 우승 트로피를 들었습니다. 그날의 기쁨은 아직도 생생합니다. 청년의 때를 벗고 군

훈련소에 들어갈 때도 프로게이머 경력을 살렸습니다. 지금은 없어 졌지만 당시 공군에서 e스포츠 게임단을 창단했고 군 복무를 하면서도 프로리그에 참여할 수 있었습니다. 프로 축구 상무 소속과 유사하다고 보면 됩니다. 제대 후 대학을 졸업하고 취업을 준비할 때도 프로게이머 경험을 토대로 입사지원서를 썼습니다. 회사에 들어와서는 저를 알아보는 선배들 덕분에 남들보다 수월하게 일을 배우고 사회생활을 시작할 수 있었습니다. 지금 이 순간에도 게임에 대한 글을 쓰고 있죠. 프로게이머를 꿈꾸고, 프로게이머로 활동한 것은 제 자존감의 원천이었습니다

언제나 가슴 떨리는 게임 배틀

경쟁의 연속, 프로게이머를 그만둔 이유

이렇게 게임과 깊은 인연을 맺었는데, 왜 선수 생활을 그만두고 다른 일을 하게 되었을까요?

고등학교 2학년, 18살에 프로게이머로 처음 데뷔했을 때부터 e스포츠 세계엔 새롭게 진입하는 선수와 그만두는 선수가 공존했습니다. 들어오는 사람이 있으면 나가는 사람이 있듯이 내가 프로게이머가 되었을 때 누군가는 프로게이머를 그만두었습니다. e스포츠가 성장하면서 규모가 조금씩 커져 유입되는 선수보다 유출되는 선수가 적었을 때도 있었지만 전체적으로 보면 데뷔하는 선수와 은퇴하는 선수는 항상 교차했습니다. 각 게임단의 1군으로서 프로리그에 참가할 수 있는 선수는 총 50명 내외였어요. 50명 안에 들면 뜨거운 스포트라이트를 받으며 경기에 나설 수 있지만 50명 안에 포함되지 못하면 팬들의 관심을 받을 수 없었죠.

치열한 경쟁이라는 틈바구니에서 누군가는 시합에 출전할 수 있었고, 누군가는 시합에 출전하는 선수의 연습 상대가 되었습니다. 선수들의 기량에 따라 오랫동안 1군으로 활동한 선수가 있는 반면 프로게이머를 그만둘 때까지 1군에 선발되지 못해 힘들어하던 선수도 있었습니다. 출중한 기량을 오래 유지한 선수는 긴 시간 동안 출전 기회를 잡을 수 있었습니다. 하지만 대단했던 그들도 어느 순간 후배들에게 길을 터주고 말았죠. 그렇게 길다면 길고 짧다면 짧은 선수 생활을 마감했습니다.

은퇴를 결심한 계기

제가 프로게이머를 그만둔 결정적인 이유는 기량과 체력 저하 때문이었습니다. 만약 30대 후반인 지금도 최고의 실력을 뽐낼 수 있다면 직장인이 아니라 프로게이머로 생활하고 있을 거예요. 어렸을 때는 하루 종일 게임을 해도 매 게임마다 배울 점들을 하나하나 흡수했고, 아무리 오래 게임을 해도 지치지 않았습니다. 힘이 넘치는 활어처럼 팔딱팔딱했죠.

그러나 선수 생활을 이어가던 어느 순간부터 게임에 집중을 못하고, 몇 판만 해도 손목이 저리고 눈이 건조해졌습니다. 손목 보호대를 끼고 안약을 넣으면서 게임을 했지만 집중력과 체력을 되찾기는 어려웠습니다. 동시에 선배들이 구축해놓은 전술과 전략을 이미 숙지한 채, 스펀지 같은 마인드와 무쇠 체력을 겸비한 후배들은 매우 위협적이었습니다. 이제 선배의 역할은 여기까지라고, 어서 자리를 비켜달라는 듯이 무서운 속도로 쫓아왔고, 저를 몰아세웠습니다.

미래에 대한 불안감도 프로게이머를 그만두게 만드는 요인 중 하나였습니다. 간신히 주전 선수의 자리를 유지하고 있었지만 조만간에 후배에게 자리를 내줘야 할 것 같은 느낌이 들었습니다. 어느 순간부터 갑자기 불안한 미래가 걱정되기 시작했어요. 군에서 제대한 뒤에도 계속 게임을 할 수 있을지, e스포츠 업계에서 40, 50세까지 일을 할 수 있을지 고민이 됐습니다. 10대 때는 옆을 보지 않는 경주마처럼 앞만 보고 게임을 했는데, 이제 저 멀리 놓인 제 미래가 염려되기 시작했습니다.

프로게이머의 수명이 짧은 이유

모든 스포츠 선수는 나이가 들면서 자연스럽게 기량이 저하되고 은퇴하게 됩니다. 그런데 다른 프로 스포츠 선수와 비교하여 프로게이머의 수명은 유독 짧습니다. 프로 야구는 40대인데도 활발히 활동하는 선수가 있고, 프로 축구나 프로 배구 같은 종목에서도 30대 주전 선수는 흔히 볼 수 있습니다. 그런데 프로게이머의 수명은 길어야 3년에서 5년입니다. 30대 이상은 없다고 봐도 무방합니다. 프로게이머의 수명이 길지 않은 이유는 무엇일까요?

프로게이머 수명이 짧은 이유는 e스포츠의 특성에서 기인합니다. 야구, 축구와 같이 몸을 직접 이용하는 스포츠 선수는 연습과 실전을 통해 자기만의 남다른 노하우를 몸에 익힙니다. 다른 사람에게 가르쳐주려고 해도 가르쳐줄 수 없고 배우려고 해도 배울 수 없는 무언가를 몸에 장착하죠. 그리고 오랜 선수 생활을 통해 경험을 쌓으며 더 발전합니다. 예를 들어 야구 선수라면 누구나 류현진 선수처럼 공을 던지고 싶을 테고, 축구 선수라면 누구나 손흥민 선수처럼 공을 차고 싶을 겁니다. 그러나 류현진 선수가 공을 던지는 것을 아무리 많이 봐도, 손흥민 선수가 공을 차는 것을 아무리 많이 감상해도 그들처럼 되는 선수는 흔치 않습니다. 본다고 따라 할 수 있는 게 아니기 때문이죠.

반면 e스포츠는 상대적으로 선수들의 플레이를 쉽게 따라 할 수 있습니다. 물론 어느 순간에 어떻게 스킬을 써야 하고 종합적으로 어떻게 판단해야 하는지는 배우기 어렵지만 스킬 사용법이나 마우스, 키보드 조작법은 얼마든지 학습할 수 있습니다. 선수들이 쓰는 캐릭터의 스킬과 내가 쓰는 캐릭터의 스킬 차이는 하나도 없습니다. 게다가 선수들은 개인 방송을 통해서 자신의 플레이 방식을 노출합니다. 마음만 먹으면 선호하는 선수의 개인 화면을 얼마든지 볼 수 있어요. 일정 수준 이상 실력을 키우면 프로게이머들이 하는 플레이를 그대로 흉내 낼 수도 있습니다. 게임을 바라보는 시야의 차이는 있지만 양손을 활용하는 것은 프로 못지않게 따라 할 수 있죠. 만약 어떤 신예 선수가 경기 경험은 없지만 류현진 선수와 정확하게 같은 폼으로 같은 위력의 공을 던질 수 있다면 금방 기존 선수들의 자리를 위협하겠지요?

선수들의 경기 방식을 모방한다고 해서 모든 사람이 최고의 프로게이머가 될 수 있는 것은 아닙니다. 그러나 다른 스포츠와 비교했을 때, e스포츠가 상대적으로 진입장벽이 낮고 아마추어와 프로의 간극이 좁은 것은 사실입니다. 몸으로 부대끼는 스포츠처럼 일정 수준의 체격 조건이 필요하지도 않고, 키가 크거나 작거나 관계없이 두 손만 잘 움직일 수 있으면 누구나 프로게이머에 도전할 수 있습니다. 후배들이 선배들의 노하우를 금방 습득할 수 있다는 점 또한 e스포츠의 특징입니다.

저는 결국 공군 e스포츠 게임단에서 제대하기 얼마 전에 프로게이머를 그만두기로 마음먹었습니다. 아쉽지만 어쩔 수 없었습니다. 노력해서 몇 년 더 선수 생활을 이어간다고 해도 그 시간은 길지 않을 것 같았습니다. 다행히 선수 생활의 마지막 경기를 승리로 장식해서 떠나는 발걸음은 한결 가벼웠습니다. 제대하자마자 정들었던 마우스와 키보드 대신 두꺼운 전공 서적과 공학용 계산기를 챙겼습니다. 대학 강의실의 문을 열어젖히고 맨 앞자리에 앉아 심호흡을 했습니다. 프로게이머에서 다시 학생으로 돌아온 순간이었습니다.

모두 페이커가 될 필요는 없다

게임의 즐거움과 무서움, 승부에 감춰진 두 얼굴

승리에 집착하면 게임에 빠진 자신을 통제하기 어렵습니다. 이기기 위한 게임은 짐작 이상으로 많은 시간을 빼앗거든요. 10대에게 가장 인기인 〈리그 오브 레전드〉〈오버워치〉〈배틀 그라운드〉 등은 하나같이 상대를 구하고 게임 한 판을 하는 데 30분 이상이 소요됩니다. '이번 판만 이기고 자야지.' '딱 한 판만 이기고 공부해야지.' 라고 생각했다가 패배하면 다시 한 판을 더 하게 돼요. 만약 연패라도 하게 되면 두세 시간 넘게 씩씩거리며 게임하는 나를 마주하게 됩니다.

우리는 왜 승부를 좋아할까요? 왜 항상 이기고 싶어 하고 지기는 싫어할까요? 어떤 일이든 승부가 걸리면 집중력이 껑충 뜁니다. 매점에서 아이스크림을 걸고 가위바위보를 해도 이기면 웃음꽃이 피고 지면 억울해합니다. 동료와 운동할 때도 간식이나 저녁밥 내기를 하면 승부욕에 불타 더 몰두하게 됩니다. 심지어 무언가를 직접 하지 않는 경우에도 내기를 하는 사람이 많습니다. 스포츠 관람이 대표적이죠. 야구장에서 가서 각각 응원하는 팀을 걸고 치킨과 음료수 내기를 하는 경우도 많잖아요? 이처럼 승부는 경기에 몰입하게 만들고 좋아하는 팀을 열정적으로 응원하게 만듭니다.

승부를 좋아하는 것은 인간의 본능인 것 같아요. 1479년, 조선의 아홉 번째 왕인 성종은 궁중에서 기다리는 관리들에게 조선 시대 보드게임인 승경도 놀이라도 하라며 궁중의 재물을 내기의 판돈으로 내려주었다고 해요. 15세기 말 스코틀랜드의 왕세자였던 제임스

오늘의 득템

조선 초기, 벼슬 이름을 도표에 그려 놓고 주사위를 던져 누가 먼저 높은 관직에 오르는가를 겨루는 민속놀이입니다. 양반들은 관직에 대한 체계를 자제들에게 가르치기 위해 이 놀이를 장려했습니다.

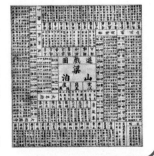

승경도 놀이

4세는 골프를 무척 좋아했는데, 절대 그냥 골프를 치지 않았다고 합니다. 단 한 푼이라도 내기를 했어요. 도박은 문명의 발달과 동시에 등장했다고 하니 승부의 역사는 인간의 역사와 궤를 같이한다고 해도 지나치지 않는 것 같습니다.

대부분의 게임에서는 승자와 패자가 나누어집니다. 〈메이플스토리〉 〈던전 앤 파이터〉 〈리니지〉처럼 승패를 가리는 게 어려운 RPG 장르도 있지만 우리나라에서는 대부분 승부를 가리는 게임이 인기를 끕니다. 〈리그 오브 레전드〉 〈오버워치〉 〈피파온라인〉 〈배틀 그라운드〉 〈스타크래프트〉 〈카트라이더〉 등은 각각 다른 장르의 게임이지만 승부를 겨룬다는 공통점이 있습니다. 승자의 점수와 등급은 올라가고 패자의 점수와 등급은 떨어지는 시스템이죠.

적당한 승부욕은 게임의 즐거움을 더해주지만 과도한 승부욕은 건강한 게임 습관을 형성하는 데 방해가 됩니다. 친구 또는 잘 아는 사람과 게임할 때는 이기고 싶은 마음이 더 강해집니다. 게임상에서 자동으로 만나게 되는 상대방에게는 이기든 지든 감정이 오래가지 않습니다. 다음에 다시 만날 일이 없기 때문이죠. 그러나 같은 학교, 같은 반에서 경쟁하는 친구에게 지는 것은 견디기 쉽지 않죠? 다음날 학교에 가면 친구가 놀릴 게 뻔하고, 조롱을 받으면 자존심이 상하기 때문입니다. 이런 생각은 게임을 꼭 이겨야 한다는 압박감으로 작용합니다.

제가 중학교 2학년일 때, 학교에 저보다 〈스타크래프트〉를 잘하는 친구는 한 명밖에 없었습니다. 친구들끼리 같이 게임을 여러 번하다 보니 몇 안 되는 친구들끼리도 자연스럽게 순위가 정해졌습니다. '쟤는 나보다 잘하고, 얘는 나보다 못하고.' 은연중에 이런 생각이 자리 잡았습니다. 우리는 자체 '스타크래프트 리그'를 기획해서 진행했습니다. 리그 경기는 한 사람이 다른 사람과 모두 한 판씩 대전하는 방식인데요. 프로 야구와 프로 축구에서 운영하는 방식을 떠올리면 됩니다. 친구 중 한 명이 나름 그럴듯하게 종이에 선을 그어 대진표와 일정을 정하고 리그를 추진했는데, 재미있게도 가장 떨렸던 순간은 저보다 못한다고 생각했던 친구와 경기를 할 때였습니다. 이기는 것은 당연한 일이었지만 만에 하나 지는 날에는 다음날 놀림거리가 되는 것을 각오해야 했습니다. 지면 안 된다는 부담감에 긴장한 나머지 손이 떨렸던 기억이 납니다. 게임에서 이기면 안도의 한숨이 절로 나왔죠.

게임 실력의 수준이 친구들과의 관계에서 중요하다고 생각하는 사람도 있을 겁니다. "누가 더 잘한다, 누가 더 못한다."라는 평가에 은근히 신경도 쓰이고요. 이겨서 자존심을 세우고 싶고, 지는 것은 용납할 수 없는 마음은 누구나 비슷합니다. 다만 항상 이기기 위해서 기를 쓰다 보면 본인 스스로 즐거움을 잃고 피곤해집니다.

패배에 익숙한 선수들

프로게이머로 활동하던 시절 저의 승률은 50퍼센트를 조금 웃돌았습니다. 10번 경기하면 5번은 이기고 5번은 졌습니다. 연승할 때도 있었지만 연패할 때도 있었고요. 공군 프로게임단에서 활동할 때는 민망하게도 10번 넘게 연속으로 지기도 했습니다. 제 인생의 암흑기였다고 할까요. 당대를 주름잡았던 최고 선수들의 승률은 60퍼센트 이상이었습니다. 승률 70퍼센트가 넘는 선수는 소위 괴물이라고 불렸습니다.

좀 더 자세하게 들여다보기 위해서 16강 토너먼트 경기를 예로 들어봅시다. 토너먼트는 이긴 사람이 반대편에서 이긴 사람과 다시 경기를 해서 최종 승자 1인을 뽑는 방식입니다. 16강 경기가 끝나면 8명은 승리하고 8명은 패배하겠죠. 8명의 승률은 100퍼센트이지만 8명의 승률은 0퍼센트가 됩니다. 8강이 시작됩니다. 4명이 승리하고 4명은 패배합니다. 승리한 4명은 승률은 그대로 100퍼센트입니다. 패배한 4명은 1차전에서 승리했지만 2차전에서는 패배했기 때문에 50퍼센트가 됩니다. 이렇게 마지막까지 경기하면 우승자는 100퍼센트, 준우승자는 75퍼센트, 4강은 66.6퍼센트 8강은 50퍼센트, 16강 탈락은 0퍼센트가 됩니다. 자, 16명의 승률을 평균 내면 어떻게 될까요? 놀랍게도 32퍼센트가 나옵니다. 100퍼센트 승률은 최종 우승자 1명이지만 0퍼센트 승률은 16강에서 탈락한 8명이나 됩니다. 토너먼트가 아닌 리그전 방식으로 계산하면 평균 승률은 정확히 50퍼센트가 됩니다. 매 경기 이기는 사람이 있으면 지는 사람이 일 대 일로 나오기 때문입니다.

e스포츠의 대표 선수이자 〈리그 오브 레전드〉의 아이콘이라고 불리는 SK텔레콤 T1 페이커 이상혁 선수의 승률은 68퍼센트입니다. 굉장히 높지만 페이커도 10번 경기하면 3번 이상은 패배합니다. 거꾸로 말해서 10번 중 7번 승리할 수 있으면 최고의 선수가 될 수 있다는 뜻이지요.

프로 야구를 살펴보면 더 미묘한 현상을 볼 수 있어요. 타자의 실력을 가늠하는 잣대인 타율, 우리나라 프로 야구 수위 타자의 타율은 3할 중후반입니다. 4할을 넘으면 역대 최고 타자의 반열에 올라섭니다. 3할만 넘으면 팀 주전 자리를 꿰찰 수 있어요. 2019시

오늘의 득템

'페이커'는 이상혁 선수의 아이디입니다. 이상혁 선수는 실력과 스타성을 겸비하여 데뷔하자마자 최고의 선수로 등극한 대한민국 프로게이머입니다. 챔피언스 리그 9회 우승, 월드 챔피언십 3회 우승을 거두었고 지금도 최고의 자리를 유지하고 있습니다. 중국 게임단의 백지수표를 마다하고 한국에서 선수 생활을 이어가고 있으며 프로게이머라고 하면 가장 먼저 떠오르는 선수입니다.

즌 3할 이상인 선수는 18명, 2020시즌 3할 이상인 선수는 현재 총 24명입니다(2020. 10. 09 기준). 프로 야구에는 10개의 구단이 있고, 한 게임당 보통 9명의 타자가 나오니 단순히 총 90명의 선수가 활동한다고 계산해도 3할 아래의 선수가 과반수라는 것을 알 수 있습니다. 열 번 타석에 들어섰을 때 세 번만 안타를 쳐내면 팀을 대표하는 타자가 되는 거예요. 재미있지요? 타자 입장에서는 승률이 30퍼센트만 되도 행복하게 시즌을 마감할 수 있는 셈입니다. 그래서 타자들은 매 타석에서 최선을 다하지만 안타를 치지 못했다고 해서 아쉬운 마음을 오래 가져가지 않습니다. 감정을 금방 털어버리고 더그아웃에 들어가 웃는 선수도 있죠. 평정심을 유지하지 못하면 다음에 좋은 모습을 보여주기 힘들 뿐 아니라 수비에도 영향을 주게 되거든요. 다음 타석은 생각보다 금방 돌아옵니다.

　모든 게임에서 승리할 수 있으면 얼마나 좋을까요. 그러나 항상 이길 수는 없습니다. 이길 때가 있으면 질 때도 있고 승자가 있으면 패자가 있는 법이죠. 승패에 무덤덤해져야 게임을 편안하게 즐길 수 있습니다. 이겨도 조금만 좋아하고, 져도 조금만 안타까워할 줄 알아야 합니다. 혹시 져서는 안 될 친구에게 패배했다면 한 번 크게 웃어주고 기꺼이 놀림거리가 되어주세요. 친구에게도 이기는 날이 있어야 게임이 더 재미있지 않겠어요? 모두 페이커처럼 게임을 잘할 수는 없습니다. 잘할 필요도 없어요. 나는 나일 뿐이니까요.

게임이 가진 맹독을 피해라

게임의 장·단점을 바라보는 관점 차이

2019년 5월 게임 업계는 어떤 소식 때문에 발칵 뒤집혔습니다. WHO에서 게임 이용 장애가 포함된 〈국제질병분류 11차 개정판〉을 만장일치로 통과시킨 거예요. 즉시 정부 부처, 세대 간 찬성과 반대 양론이 첨예하게 대립했습니다. 보건복지부는 찬성 입장을 밝혔습니다. "게임 중독에 대한 공식 통계를 바탕으로 체계적인 대응이 가능해진다. 해외 국가와 비교할 수도 있고 실태를 파악해서 예방 및 치료를 위한 연구를 진행할 수 있다."고 설명했습니다. 부모들도 두 팔을 벌리고 환영한 것은 당연한 일이었겠죠? 앞으로 게임하다 잘못하면 병에 걸릴 수도 있다고 자녀에게 말할 수 있는 논리적 근거가 마련됐으니까요. 문화체육관광부는 반대 입장을 밝했습니다. "자신이 하고 싶은 게임을 얼마나 즐길 것인지의 문제에 있어서 게임 과몰입 현상을 중독이라는 질병의 틀에 넣고 국가의 보호 대상이나 후견의 대상으로 삼는 것은 헌법이 보장하는 개인의 자유 이념에 배치된다. 소금이나 설탕을 많이 먹으면 유해하지만 적당히 먹으면 문제가 없듯이 게임은 중립적인 물질이다."라고 주장했습니다.

학생들은 망치로 머리를 맞은 것처럼 한동안 정신을 차리지 못했습니다. 게임을 많이 한다고 해서 자신이 무언가에 중독되었거나 병에 걸렸다고 생각한 적은 없었으니 말입니다. 스트레스를 해소하기 위해 축구하고 농구하는 것처럼 게임을 했을 뿐인데 중독이라니! 해도 해도 너무하는 것 같다고 생각했습니다.

물과 불처럼 게임을 향한 상반된 관점 차이는 어떻게 좁혀갈 수 있을까요? 정부 부처 간에도 이견이 있고, 부모와 자녀 사이에도 생각이 다른데 말이에요. 게임만큼 사람마다 생각의 차이가 큰 대상이 또 있을까 싶을 정도로 게임을 바라보는 시각은 천차만별입니다.

게임에 대해 부정적인 인식을 갖게 되는 가장 큰 이유로 게임 중독, 즉 게임 과몰입과 관련된 부정적인 뉴스가 너무 자주, 그리고 자극적으로 보도된다는 점을 들 수 있습니다. 부모가 게임에 빠진 나머지 자녀를 굶겨 죽게 했다든지, 게임에 빠진 자녀가 부모를 폭행했다는 사례 같은 것들이 화제가 될 때마다 사람들은 게임을 원흉으로 지목하게 됩니다. 가장 대표적인 것이 2007년 미국 버지니아 공대 총기 난사 사건입니다. 지금도 기억이 날 정도로 엄청난 파장을 불러일으킨 사고였는데요. 사건의 개요는 이렇습니다. 미국 버지니아 공대에 재학 중이던 한인 조승희 군이 교수와 학생들에게 총을 난사, 32명의 사망자와 수십 명의 부상자를 냈습니다. 그런데 조 씨가 평소에 1인칭 슈팅 게임인 〈카운터 스트라이크〉를 즐겨했고 이것이 총기 난사 사건의 주요 원인 중 하나라는 게 언론을 통해 보도됐어요. 국민들은 경악했습니다. 부모는 게임을 하는 자녀를 불안한 마음으로 지켜보다 이내 경계와 감시를 하게 됐습니다. 그러나 버지니아 공대 총기 난사 사건을 조사한 버지니아주 조사위원회는 보고서에서 조승희 군이 폭력적인 게임을 했다는 증거는 없다고 발표했습니다. 조 씨의 주변 사람들도 그가 다른 청소년에 비해서 게임을 그다지 즐기지 않은 편이라고 증언했죠. 뒤늦게 사실 관계가 밝혀졌지만 이미 열차는 지나간 후였습니다. 우리의 기억 속에는 '조승희=게임=총기 난사'만 남았습니다.

　게임에 대한 부정적인 뉴스가 언론을 통해 보도되는 한편으로는 게임을 국가 육성 산업으로 키우고 발전시키려는 움직임이 있습니다. 1장에서 설명했듯이 정부, 국회, 지방자치단체 등 각계각층에서 게임을 미래 산업으로 키우려고 노력하고 있습니다. 정치인들은 국민에게 친근하게 다가가기 위해서 게임을 홍보 수단으로도 활용해요. 2017년 대통령 선거 때 후보자들은 20, 30대 시민들에게 신선한 모습을 보여주기 위해 게임 속 캐릭터로 분장하거나 게임을 기반으로 선거 유세를 했습니다. 한쪽에서는 게임이라면 손사래를 치고, 한쪽에서는 게임을 통해 무언가를 이루려고 하는 희한한 현상이 벌어지고 있어요.

게임에 대한 시각 차이를 단숨에 좁히는 것은 어려워 보입니다. 무언가에 대한 관점은 특별한 일을 경험하지 않는 이상 갑자기 변하지 않습니다. 사람은 오랜 시간을 거쳐 어떤 교육을 받았느냐, 어떤 경험을 하고 자랐느냐에 따라 가치관과 주관이 달라집니다. 본인의 생각을 뒷받침하는 뉴스와 근거를 바탕으로 억지로 게임을 긍정적으로 볼 필요도 없고, 억지로 부정적으로 생각할 필요도 없습니다. 긍정적인 부분은 기분 좋게 받아들이고, 부정적인 부분은 함께 노력해서 하나씩 지워나가면 되니까요.

게임 중독을 이기는 내 마음 통제력

게임의 부정적인 인식을 유발하는, 그리고 게임이 가진 최대 위험 요소는 게임 과몰입, 즉 게임 중독입니다('게임 중독'이라는 표현을 좋아하지는 않지만 이 글에서 부정적 이미지를 부각하기 위해 사용하는 것인 만큼 이해해주기 바랍니다). 게임을 건강하게 즐기고 하나의 취미 활동으로 삼기 위해서는 당연하지만 게임에 중독되지 않아야 합니다. 그러기 위해서는 자기 통제력을 키우기 위한 훈련을 해야 합니다. 부모와 교사의 도움도 필요하지만 가장 중요한 것은 본인의 의지입니다. '나를 통제해야 한다.'는 당위성을 스스로 받아들이고 깨달아야 합니다. 자기 통제력은 어떻게 단련할 수 있을까요? 몇 가지 방법을 살펴봅시다.

- 게임을 운동이나 독서, 음악 감상처럼
  일반적인 취미 활동이라고 생각하라!

부모님 몰래, 집에 아무도 없을 때 해야 하는 일로 인식하면 하면 안 되는 것을 하면서 생기는 쾌감을 느끼기 위해 게임을 더 찾게 됩니다. 하지 말라고 하면 더 하고 싶은 게 사람의 속성일까요? 서울대 심리학과 곽금주 교수는 이렇게 말합니다. "인간은 자신과 주변세계를 통제하려는 욕구를 가지고 있다. 그래서 외부에서 자신의 행동을 통제하려 할 때 강력히 반발하면서 자신이 지닌 통제감을 회복하려 한다."(한겨레, 2008. 05. 01) 게임은 마약이 아닙니다. 원하면 언제든지 자유롭게 즐길 수 있는 자랑스러운 콘텐츠입니다.

- **스스로 게임에 관한 룰을 만들고 지켜라!**

하루에 한 시간만 게임을 하기로 마음 먹었으면 어떤 일이 있어도 한 시간만 하는 연습을 해야 합니다. 집에서만 게임을 하기로 했으면 집에서만, PC방에서만 게임을 하기로 했으면 PC방에서만 게임을 하는 연습을 해봅시다. 평일에는 게임을 하지 않고 대신 주말에는 자유롭게 게임을 하겠다고 다짐해도 좋아요. 학기 중에는 게임을 적게 하는 대신 방학 때는 게임을 많이 해도 좋고요. 시간, 공간, 상황에 따라 게임을 할 수 있는 원칙을 세우고 지켜봅시다. 중요한 것은 '스스로 계획을 세우고' '지켜나가는 연습'을 하는 것입니다. 타인에게 조언을 받더라도 결정은 반드시 내가 해야 합니다.

- **계획한 대로 며칠 동안만 실행해보라!**

하루가 이틀이 되고 이틀이 사흘, 열흘이 됩니다. 처음에는 힘들지만 익숙해지면 자연스러워질 거예요. 나중에는 시간, 장소, 환경에 구애받지 않고 어떤 일에서든 자신을 통제할 수 있을 겁니다. 이런 연습과 훈련은 게임에만 국한되는 게 아니에요. 분야를 막론하고 어떤 것에 심취하여 나를 잃을 것 같을 때, 이 방법을 적용하면 좋을 것입니다.

어려운 일이라는 것을 제가 누구보다도 잘 알고 있습니다. 하루아침에 가능하리라고 생각하지 마세요. 시간을 들여서 꾸준히 반복해봅시다. 신비한 미소를 담은 모나리자를 그린 이탈리아의 위대한 천재 레오나르도 다빈치는 이렇게 말했어요. "자신을 통제하는 것보다 더 작은 통제도, 더 큰 통제도 없다. 그것이 가장 작은 통제인 것은 자기 자신조차 통제하지 못하면서 자기 이외의 다른 것을 통제할 수는 없기 때문이며, 그것이 가장 위대한 통제인 것은 자신을 완전히 통제하는 것은 정말 어려운 일이기에 그걸 해내는 것이야말로 다른 어떤 일보다 큰일이기 때문이다."

게임을 평생 함께해야 할 취미활동이라고 생각하고 천천히, 가벼운 마음으로 느긋하게 다가가면 어떨까요? 마음의 부담을 덜고 조금씩 실천하다보면 반드시 변화가 생길 것입니다. 게임을 하는 나를 통제하기 어려워서 고민이라면 지금 이 순간이 가장 좋은 타이밍입니다. 모든 변화는 사소한 실천으로부터 시작됩니다.

질릴 때까지 할까, 적당히 할까? 그것이 문제로다!

게임하는 시간보다 게임하는 마음이 중요하다

WHO는 게임 이용 장애를 "일상생활보다 게임을 우선시해 부정적인 결과가 발생해도 게임을 지속하거나 확대하는 게임 행위의 패턴"이라고 정의합니다. 게임에 대한 통제 기능이 손상되고, 삶의 다른 관심사 및 일상생활보다 게임을 우선시하며 부정적인 결과가 발생해도 게임을 중단하지 못하는 현상인데요. 이런 모습이 12개월 이상 지속되면 게임 이용 장애로 판단합니다. 증상이 심각하면 12개월 전이라도 게임 이용 장애 판정을 내릴 수 있다고 덧붙였습니다.

그런데 조금 이상합니다. 게임에 대한 통제 기능이 손상되고, 다른 일상생활보다 게임을 우선시하는 것을 어떤 기준으로 측정하고 어떻게 알 수 있을까요? 한 시간 하면 괜찮고, 두 시간 하면 게임 이용 장애가 되는 걸까요? 정의 자체가 너무 애매모호합니다.

사람들은 게임을 오래 할수록 게임에 중독될 확률이 높아진다고 생각합니다. 게임을 많이 하니까 게임에 빠지는 시간이 길어지고, 게임에 빠지는 시간이 길어지니 게임에 중독되지 않겠냐는 논리입니다. 이른바 악순환의 논리죠. 그 와중에 자신을 잃고 게임을 모든 것보다 우선시하게 된다고 말합니다.

하루 중 가장 많은 시간을 게임과 보내는 사람은 누구일까요? 네, 프로게이머입니다. 프로게이머는 아침에 일어나는 순간부터 밤에 잠이 들 때까지 게임을 반복하고 전략을 연구합니다. 리그가 시작되면 주말도 반납하고 게임에 몰두합니다. 이런 생활로 1년 대부분을 보내요. 게임도 그 누구보다 많이 하죠. 그러나 프로게이머더러 게임 중독자라고 말하는 사람은 없습니다. 오히려 선망하는 직업을 가진 사람으로 인정하죠. 텔레비전으로 보는 프로게이머도 게임에 중독되어 자신을 잃어버린 것 같지 않습니다. 이상하죠? 사람들이 말하는 대로라면 게임을 하면 할수록 어딘가 문제가 생겨야 하는데, 프로게이머들은 그렇지 않아 보이니 말입니다. 만약 게임시간을 기준으로 중독 여부를 판단했다면 프로게이머는 모두 게임 중독자가 되었을 겁니다. 재미있게도 누구보다도 게임을 많이 하지만 누구보다도 게임을 하고 싶어 하지 않는 것이 프로게이머라는 사실을 아시나요? 저도 프로게이머 시절, 게임을 지우개로 지워버리고 마음 편히 쉬고 싶을 때가 많았습니다. 결국 게임하는 사람의 마음가짐이 중요한 것이지 물리적인 시간이 문제인 것은 아니라는 뜻입니다.

'오호라, 게임을 많이 해도 괜찮겠네. 프로게이머는 게임을 종일 해도 멀쩡하니까 나도 마음껏 게임 해야지.'라고 생각할지도 모르겠습니다. 잘못된 생각은 아니지만 프로게이머처럼 게임을 '지배'하려면 그들과 같은 마음가짐을 갖춰야 합니다. 프로게이머는 자기의 몸값을 키우고, 팬에게 좋은 모습을 보여주기 위해서 게임을 합니다. 실수를 하는 경우 감독과 코치의 매서운 질타를 감내해야 하고, 늘 상대 선수를 분석하고 새로운 전략을 연구해야 합니다. 패배했을 때 받는 스트레스도 견뎌야 해요. 프로게이머를 꿈꾸는 것이 아니라면 이런 마음가짐으로 게임하기가 어렵습니다. 우리는 그저 평범하게 게임을 즐기면 됩니다.

게임의 수단과 목적이 같아야 한다

한동안 화제를 몰고 다녔던 JTBC 드라마 〈스카이 캐슬〉은 수단과 방법을 가리지 않고 딸 예서를 최고의 대학에 진학시키려 했던 어머니 한서진의 욕망을 잘 보여줍니다. 일반인이라면 상상하기 힘든 금액을 투자하여 베테랑 입시 코디네이터를 고용하고, 그의 세밀한 관리에 따르면서 예서의 명문 대학 입학은 보장된 것처럼 보입니다. 그러나 마지막 순간, 예서의 컨디션에 문제가 생깁니다. 코디네이터는 사전에 시험 문제를 빼돌린 다음 연습 문제에 교묘히 섞어 예서를 공부시키는데요. 시험 문제가 들어 있는 연습 문제들로 공부한 예서는 100점을 받습니다. 한서진은 코디네이터가 시험 문제지를 미리 입수했다는 것을 알고 경악을 금치 못하지만 예서의 대학 합격을 위해 눈을 감습니다. 그러고는 어쩔 수 없는 선택이었다고 합리화하며, 눈물을 흘리는 예서를 껴안고 애써 설득합니다. 조금만 견디면 된다고, 이제 곧 꿈에 그리던 대학에 들어가게 될 것이라 다독이면서요. 코디네이터는 흔들리는 예서의 성적을 만회하기 위해 또 시험문제를 빼돌려 한서진에게 들이밉니다. 내적갈등을 겪는 한서진은 불법을 저지르더라도 자녀의 대학 입학이 먼저라고 판단해 떨리는 손으로 시험지를 챙겨서 나옵니다.

좋은 대학에 들어가기 위한 목적을 달성하기 위해서 수단과 방법을 가리지 않아도 될까요? 누구나 안 된다는 사실을 압니다. 그러나 드라마의 주인공들처럼 목적 달성에만 목을 매게 되면 '어떤 일이든 감수해.'라고 속삭이는 빨간 악마의 음성을 듣게 마련이지요. 좋은 대학에 들어가는 것은 목표가 될 수는 있지만 목적이 될 수는 없습니다. 〈스카이 캐슬〉은 모녀가 자신들이 한 일을 뉘우치고 경찰에 자수하면서 마침표를 찍습니다. 원하는 대학에 입학하기 위해 발버둥 치던 지난날의 모습들은 알맹이가 없는 껍데기에 불과했다는 것을 깨달으면서 말이죠.

게임의 세계도 마찬가지입니다. 게임하는 목적이 분명해야 합니다. 다른 무언가를 정면으로 마주하기 힘든 나머지 게임을 도피처로 삼은 건 아닌지 돌아봅시다. 게임은 콘텐츠 그 자체를 즐기기 위해서, 학업 스트레스를 풀기 위해서, 친구와 어울리기 위해서 하는 것입니다. 공부가 싫어서, 시간을 때우기 위해서, 부모와 대화하기 싫어서 하는 게임은 위험합니다.

게임을 하는 행위 자체는 똑같아 보여도 어떤 목적으로 게임을 하느냐에 따라 결과는 완전히 달라집니다. 현실을 외면하기 위한 목적으로 게임을 하면 점점 더 현실에서 멀어지게 됩니다. 그러다 보면 나중에는 현실과 가상의 세계에 경계선이 사라지고 혼란스럽죠. 게임은 현실 도피용이 아니라 기분 전환을 위해 활용해야 합니다. 『십대, 나에 대한 공부가 필요해!』의 저자는 이렇게 말합니다. "사람은 자기가 하고 있는 일의 수단과 목적이 일치하면 즐거워하고, 수단과 목적이 다르면 흥미를 잃습니다. 게임이 즐거운 이유는 '게임을 하고 싶다.'는 목적과 '게임을 한다.'는 수단이 같기 때문입니다. 게임 말고도 수단과 목적이 같은 일을 찾을 수 있다면 게임에 중독될 일이 없겠지요."

게임, 얼마나 해야 적절할까?

프로게이머를 목표로 하는 것이 아니라면 하루에 한 시간에서 두 시간 정도 게임하는 것이 적당합니다. 30분을 한 판이라고 가정 하면 서너 판정도 하는 것을 권장합니다. 학교 수업이 끝난 후 긴장 을 풀고 스트레스를 날리기에 적절한 시간이죠. 이보다 적게 하면 감질나고 그렇다고 너무 많이 하면 다음 날 생활에 영향을 줄 수 있습니다. 물론 정답은 없습니다. 각자 자기를 통제할 수 있는 능력 과 체력이 다르니까요. 그렇지만 하교한 다음 저녁을 먹을 때까지 게임을 하거나 저녁을 먹은 다음 한두 시간 게임을 하는 것을 추천 합니다. 주말에는 좀 더 많은 시간을 게임과 함께해도 좋겠네요. 주 말은 주중에 쌓였던 피로를 풀고 다음 주를 준비하는 시간입니다. 부족한 잠을 자고, 하고 싶은 것을 하면서 편하게 쉽시다. 수험생이 아니라면 자유롭게 게임을 해도 좋습니다. 단, 재충전을 위한 게임 이어야 한다는 사실은 잊지 말고요.

게임에 대한 자기 통제력을 기르는 일은 외로운 줄 타기와 같습니 다. 외줄 타기에서 넘어지지 않으려면 중심을 잘 잡아야 합니다. 균형추가 되어줄 기다란 막대기도 필요해요. 게임을 하는 것도 마찬가지예요. 재미있다고 해서 무분별하게 게임을 하게 되면 삶의 균형이라는 외줄이 점점 가늘어지고 힘겹게 들고 있던 막대기마저 떨어뜨리게 됩니다. 균형을 잡고 넘어지지 않으려면 발끝에 힘을 더 줘야 하듯 게임을 할 때에도 본인 마음을 스스로 다잡아야 합니다. 어떤 자세를 잡고 줄에 올라타느냐에 따라 신기 방기한 묘기를 부릴 수도 있고 그냥 픽 고꾸라질 수도 있는 것처럼 게임도 여러분의 마음가짐과 실천 의지에 따라 나쁘거나 좋을 수 있다는 것, 잊지 맙시다.

게임에 무죄를 선고합니다

술에 취한 **부모님**, 게임에 취한 **나**

대한민국의 밤은 활기찹니다. 길거리에는 화려한 조명이 가득하고 유명한 식당은 빈자리를 찾기도 힘듭니다. 어찌나 사람이 많은지 가끔 우리나라 성인들이 모두 한곳에 모인 것 같은 착각까지 듭니다. 삼삼오오 모여 앉은 테이블 위에는 항상 빠지지 않고 술이 올라가 있죠. 전 세계 사람 모두 술을 좋아하지만 우리나라 사람들도 술을 참 좋아합니다. 영국 〈가디언〉지에 따르면 세계에서 가장 술소비가 많은 도시 중 서울이 6위를 차지했다고 합니다. 〈조선일보〉는 "한국인의 음주량이 점점 늘어나 1인당 알코올 소비량이 9리터를 돌파했다. 혼자서 술을 마시는 혼술 문화와 여성 음주가 늘면서 알코올 소비량은 앞으로 계속 늘어날 가능성이 있다. 9리터는 소주로 치면 1년에 121병, 500mL짜리 캔 맥주로 따지면 366캔 분량이다."고 전했습니다(2017. 11. 15). 전 국민이 매일 캔 맥주 하나를 마시는 셈이니 어쩌면 술과 함께하는 인생이라고 봐도 될 것 같아요.

사람들이 술을 마시는 이유는 무엇일까요? 텔레비전 광고처럼 깔끔한 목 넘김이 좋고 '시원'하기 때문일까요? 저는 '술에는 술 이상의 의미가 있다.'고 생각합니다. 물론 술 자체를 즐기는 사람도 있지만 우리가 누군가와 술을 마시러 간다고 하면 그 사람과 좋은 관계를 쌓으러 간다는 뜻이 더 강하지요.

아무려나, 술 마실 나이도 아닌 여러분에게 왜 갑자기 이런 이야기를 꺼냈는지 의아하죠? 술을 화두로 삼은 이유는 술이 게임과 닮은 점이 정말 많기 때문입니다. 기성세대가 술에 대해 가진 관점을 가만히 살펴보면, 우리가 게임에 대해 가진 관점과 묘하게 비슷하다는 것을 알 수 있습니다.

술과 게임의 공통점

첫째, 누가 시키지도 않았는데 마시는(하려는) 점.

둘째, 많이 마시면 마실수록(하면 할수록) 더 빠지게 되는 점.

셋째, 취하면(빠지면) 인사불성이 되어 앞뒤를 못 가리는 점.

넷째, 힘든 하루를 잊게 만드는 점.

다섯째, 혼자 마시는(하는) 것보다 여럿이서 함께 마시면(하면) 더 즐거운 점.

여섯째, 적당히 마시면(하면) 건강에 좋지만 과하게 마시면(하면) 몸에 해로운 점.

일곱째, 막걸리, 소주, 맥주, 양주처럼 종류가 다양하다는 것.

이제 부모님께서 술에 취해 집에 들어오는 경우를 떠올려봅시다. 현관에서부터 우리 이름을 큰 소리로 부르며 뭐가 그리 좋다고 평소에 하지도 않던 스킨십을 시도합니다. 다리를 비틀거리면서도 내가 사실은 너를 좋아한다는 둥, 사랑한다는 둥, 미안하다는 둥, 술이 사람을 이렇게 변하게 만드나 싶어요. 왜 이렇게 술을 많이 드셨냐면서, 다음부터는 제발 적당히 드시라고 말씀드립니다. 며칠 조용하다 싶더니 어느새 또 현관에서 우리 이름을 고래고래 부르는 부모님의 모습을 발견하게 됩니다.

어라, 그런데 어디서 자주 접했던 광경이 아닌가요. 술에 취해 비틀거리는 부모를 바라보는 우리의 시선과 게임에 취한 우리를 바라보는 부모의 시선이 어딘가 비슷하게 느껴집니다. 부모는 게임을 오래 하고 있는 우리를 날카로운 눈초리로 보고는 "오늘은 이제 그만하고 자라."고 말합니다. 술병이 사람을 향해 나를 마셔달라고 손을 흔들지도 않았고 마시고 취하라고 유혹하지도 않았습니다. 마찬가지로 마우스와 키보드가 나를 조작해달라고 재촉하지도 않았습니다. 부모님께서 취했음에도 불구하고 술을 주문하고 며칠 뒤에 또 술을 마셨듯이 우리도 게임에 취했음에도 불구하고 더 열심히 마우스를 클릭한 건 아닐까요?

게임을 삶의 윤활유로 **활용하자**

펜실베이니아대 의과대학 신경학과 교수 프랜시스 젠슨은 저서 『10대의 뇌』에서 게임을 적절하게 하는 것이 중요하다고 말합니다. 그녀는 "정상적인 수준으로 즐기는 비디오 게임은 뇌에 좋을까, 나쁠까? 아직 100퍼센트 확실한 답은 없다. 다른 모든 학습과 마찬가지로 적당히 게임을 즐기는 것은 뇌에 좋은 영향을 미친다고 한다. 광적인 컴퓨터 마니아와 게임을 가끔 즐기는 사람 사이에는 차이가 있다. 독서나 다른 모든 형태의 균형 잡힌 뇌 자극과 유사하게 비디오 게임도 긍정적인 부분이 있다. 독일 막스 플랑크의 연구소의 한 연구에서는 게임을 열심히 하면 일부 뇌 영역이 더 커진다는 것을 보여주었다."고 기술했습니다.

그런데 '적절하게'라는 말이 참 어렵습니다. 사람마다 체감하는 정도가 다르므로 객관적인 수치로 표현할 수도 없고요. '적절히'는 각자가 스스로 찾아야 합니다. 얼마나 게임을 해야 생활 리듬이 깨지지 않는지, 어느 정도 했을 때 건강에 무리가 왔는지, 어떤 경우에 나를 통제하기가 어려운지 시행착오를 겪으면서 하나둘 내 기준을 찾아가야 합니다. 다른 사람의 기준이 아니라 내 기준을 찾아야 해요.

어떤 행동이든 과하면 좋지 않습니다. 운동은 몸에 좋지만 과한 운동은 오히려 몸을 상하게 하고 잘못하면 부상을 입을 수도 있습니다. 과유불급(過猶不及), 정도가 지나침은 미치지 못함과 같습니다. 대상의 좋은 부분만 취할 수 있도록 게임 시간을 조절하는 연습을 해봅시다. 게임을 하다 보면 생각했던 것보다 시간이 금방 흘러갑니다. 게임을 종료했다면 오늘 너무 오래 한 것은 아니었는지 생각하는 시간도 가져봅시다.

즐겜과 게임중독은 한 끗 차이

게임만 할까? 게임도 할까?

한글은 위대한 언어입니다. 〈스타 트렉〉을 집필한 작가가 세종대왕의 한글 창제에 얽힌 이야기를 소설로 썼을 정도입니다. 바로 미국 드라마 작가 겸 제작자인 '조 메노스키'의 일화인데요. 그는 5년 전 처음으로 한글을 접하며 세종대왕을 알게 됐고, 이 우수한 문자 창제를 왕 한 사람이 주도했다는 사실에 매료되어 이후 한국을 오가며 자료를 찾아 공부한 끝에 소설을 쓰게 됐다고 해요.

자음과 모음의 조합으로 글자 만들기, 국제 음성기호로 발음을 다 표현할 수 있다는 점 등 한글은 다른 나라의 언어와 비교할 때 배우기 편하다는 느낌이 확 옵니다. 예를 들어 영어는 모음 하나에 여러 소리가 있습니다. I는 '아이[ai]'가 되었다가 '이[i]'가 되기도 하고 A는 '에이[ei]' '아[a]' '애[æ]'로 소리가 납니다. 독일어나 프랑스어는 명사(名詞)의 성(性)이 여성인지 남성인지 중성인지에 따라 어미가 변하고, 또 1인칭인지 2인칭인지 3인칭인지에 따라 동사의 활용이 달라집니다. 한자는 중국 상용한자만 3,500자에 이릅니다. 글자 수도 많지만 글자를 봐도 음을 알 수 없으니 답답하죠. 글자를 쓰는 법과 읽는 법을 따로 공부해야 합니다. 본인의 건강을 해치면서까지 훈민정음을 창제한 세종대왕과 집현전 학자들의 노고에 고개를 숙이게 됩니다.

우리말은 단어, 조사, 획 하나만 바꿔도 글의 내용과 뉘앙스가 달라집니다. 가수 싸이는 "님이라는 글자에다 점 하나 콕 찍자마자 바로 남 된다. 사랑이란 알다가도 모르겠다."라는 재미있는 가사를 노래에 담았습니다. 급한 나머지 회장실을 화장실로 착각해 잘못 들어갔다는 유머도 있습니다. 화장실에 변기는 없고 소파만 있어서 깜짝 놀랐다는 말이 웃음을 유발하죠.

국어의 조사(助詞)는 앞말과 결합해 다른 말과의 문법적 관계를 만들어냅니다. 조사를 어떻게 쓰느냐에 따라 말의 의미는 확 달라집니다. "너만 좋아해."와 "너도 좋아해."는 전혀 다르게 느껴지지 않나요? 너만 좋아해에서 연인의 풋풋함이 느껴진다면 너도 좋아해에서는 특별한 감정이 느껴지지 않습니다. 오히려 귀찮은 느낌마저 듭니다. "이것만 좋아."라는 말에는 다른 것은 싫지만 '이것'은 좋다는 의미가 담겨 있습니다.

　게임'만' 할 것인가요, 게임'도' 할 것인가요? 10대라면 이것도 했다가 저것도 했다가 게임'도' 했으면 좋겠어요. 게임 이외에 다른 것들에도 관심을 두고 바라보면서 열린 마음으로 하루를 보냈으면 좋겠습니다. 스마트폰을 잠시 보이지 않는 곳에 두고 주변을 둘러보면 게임 이외에도 흥미로운 게 많습니다. 일단 방문을 열고, 현관문을 열어보세요. 스마트폰이나 컴퓨터로 만날 수 없는 세상이 여러분을 기다리고 있을 겁니다.

시험 직전에 공부가 잘 되는 이유

　모든 일에는 우선순위가 있습니다. 여러분의 우선순위는 무엇인가요? 우선순위의 뜻을 사전은 "어떤 것을 먼저 차지하거나 사용할 수 있는 차례나 위치"라고 표현했는데요. 저는 '삶에서 제일 먼저 이뤄야 하는 것' 혹은 '다른 것을 제쳐두고 가장 먼저 하고 싶은 것'이라고 생각합니다. 사람마다 가치 기준이 다르므로 우선순위도 다를 텐데요. 어떤 사람이 생각하는 가치의 순위를 보면 그의 인생관이나 철학도 미루어 짐작할 수 있답니다.

　우리도 정확하게 인식하지 못할 뿐 본능적으로 우선순위를 마음에 두고 생활하고 있습니다. 시간, 체력, 경제력 등 가용할 수 있는 자원에는 한계가 있기 때문에 자기도 모르게 최대한 효율적으로 살고 있는 거죠. 시험공부를 할 때를 생각해봅시다. 공부해야 할 과목은 산더미처럼 많은데 한 과목에만 집중할 수 없습니다. 한 과목만 100점을 받고 나머지 과목은 0점을 받을 수 없잖아요? 부족한 과목에는 시간을 투자하고 자신 있는 과목에는 상대적으로 시간을 덜 들이겠죠? 시험 일정까지 고려해서 내일 시험 보는 과목은 먼저 공부하고 모레 시험 보는 과목은 나중에 공부합니다. 시험과 시험 사이 쉬는 시간에는 고도의 집중력을 발휘합니다. 어떤 것에 몰두해야 하는지 알고 있죠. 화장실 갈 시간도 없습니다. 10분 동안 최대한 많은 정보를 머리에 담아두고 시험지를 받자마자 쉬는 시간에 공부했던 문제부터 찾습니다.

게임에 지배되지 말고 게임을 정복하라

미국의 자기계발서 창시자, 작가이자 강연가인 데일 카네기는 우선순위의 중요성에 대해 이렇게 말했습니다. "내일의 걱정을 '오늘' 하지 마라." "큰일을 먼저 하라. 작은 일은 저절로 처리될 것이다." 17세기 스페인의 철학자 발타사르 그라시안(Baltasar Gracián y

Morales, 1601~1658)은 "지혜로운 사람은 우둔한 사람이 가장 나중에 하는 일을 즉시 해치운다."는 명언을 남겼습니다.

우리에게 게임의 우선순위는 어디쯤인가요? 가장 먼저 해야 하는 일인가요, 아니면 해도 그만 안 해도 그만인 일인가요? 사람마다 느끼는 정도는 다르겠지만 게임의 우선순위를 첫 번째, 두 번째로 두지 않았으면 좋겠습니다. 프로게이머를 목표를 하는 것이 아니라면 다른 취미활동과 동등한 수준으로 우선순위를 설정해야 합니다. 설령 프로게이머를 꿈꾼다고 하더라도 학업이 먼저라고 말해주고 싶어요. 프로게이머는 언제든지 도전할 수 있지만 학창 시절은 다시 돌아오지 않는 처음이자 마지막 순간이기 때문입니다. 일상생활에서 게임을 최우선 순위로 두면 게임 이외에 다른 것을 바라볼 여유가 사라지고 무분별하게 빠질 우려가 있어요. 우리가 게임을 정복해야 하는데, 게임이 우리를 정복하게 될지도 모릅니다.

미국 중독위원회 인증 의사 폴 토머스는 『나는 중독 스펙트럼의 어디쯤 있을까?』를 통해 중용의 미덕을 강조합니다. "TV를 토요일에 몰아보는 것 자체가 문제는 아니다. 문제는 자신의 삶과 단절되어 자기 행동에 대해 스스로와 다른 사람들에게 거짓말을 하면서까지, 다른 모든 활동을 배제한 채 충동적인 쇼핑이나 게임 또는 음식만을 선택할 때 발생한다." "사실 중독을 일으키는 대부분의 행동은 적당하기만 하다면 정상적이고 완벽하게 용인될 수 있으며 심지어 필수적이기까지 하다. 먹지 않고 살 수 있는 사람은 없다. 대부분의 일은 매일 컴퓨터나 전화기를 써야 한다. 운동은 필수적일 뿐 아니라 생활의 큰 즐거움이기도 하다. 그러나 정도가 심해지면 이들 활동 중 무엇이든 잠재적으로 우리 삶을 궤도에서 벗어나게 만들 수 있다."

즐겜과 게임 중독은 한 끗 차이입니다. 어떤 기준을 가지고 어떤 마음으로 게임을 하느냐에 따라 재미를 찾기 위한 도구가 될 수도 있고, 블랙홀처럼 모든 것을 빨아들이는 무서운 프로그램이 될 수도 있습니다. 게임'만' 하는 나에게서 게임'도' 하는 나로, 게임의 우선순위에 대해 생각하는 나로 전환해야 합니다. 그래야 게임 그 자체를 온전히, 순수하게 즐길 수 있습니다.

 오늘의 득템

스페인의 예수회 회원이었습니다. 지나치게 세속적이었던 그의 저술은 교단에서 호감을 사지 못하고 오히려 다른 곳에서 널리 읽히고 칭송받았습니다. 1658년 예수회를 탈퇴하겠다고 청원했지만 받아들여지지 않았고 그해 죽음을 맞았는데요. 이후 18세기에 '취향' 개념을 둘러싸고 유럽에서 벌어졌던 논쟁에서 그라시안이 제안했던 개념들이 아주 중요하게 다루어졌습니다.

그럼에도 불구하고 고수가 되는 방법

게임 시간과 실력은 비례하지 않는다

앞서 일상의 균형을 깨뜨리지 않는 범위 내에서 자유롭게 게임을 하도록 권장했습니다. 게임을 있는 그대로 즐기면서 이왕이면 다른 친구들보다 더 잘할 수 있다면 금상첨화겠죠? 게임은 이제 10대의 공통 관심사가 되었습니다. 못한다고 움츠려 있기보다는 친구들과 어울릴 수 있는 수준만큼은 실력을 키우는 것도 좋겠죠.

게임을 잘하는 방법은 무엇일까요? 게임도 다른 스포츠처럼 일정 수준 이상의 범주에 들어서기 위해서는 재능이 필요합니다. 하지만 친구들보다 조금 더 잘하는 정도가 목표라면 노력하기에 따라 얼마든지 도달할 수 있습니다. 고수가 되는 방법을 숙지하고 게임에 임해볼까요?

이미 경험을 통해 느꼈을 수도 있지만 게임에 투자하는 시간과 실력은 정비례하지 않습니다. 만약 게임에 투자한 시간과 실력이 비례한다면 현재 우리나라 최고의 실력자는 텔레비전에 나오는 프로게이머가 아니라 옆집에 사는 아저씨일 수도 있습니다. 옆집 아저씨가 마음만 먹으면 모든 대회를 휩쓸 수 있는데 후배 게이머들을 위해 참고 은둔하는 건 아닐 겁니다. 이건 무엇을 의미할까요? 투자하는 시간과 역량의 상승이 비례하지 않는다는 것은 방법에 따라서 남들이 세 시간 만에 이루는 것을 불과 한 시간 만에 이룰 수 있다는 것을 뜻합니다. 일 분, 일 초가 빠르게 흘러가는 세상을 사는 우리에게는 정말 솔깃한 말이 아닐 수 없습니다. 만화 『드래곤볼』에서 정신과 시간의 방에 들어간 손오공이 하루 만에 일 년치 수행의 효과를 얻는 것처럼 말이에요.

프로게이머처럼 게임해보기

그럼 어떻게 하면 손오공처럼 정신과 시간의 방에 들어가지 않고도 남들의 몇 배가 되는 효율을 얻을 수 있을까요? 방법이 있습니다. 지금부터는 전(前) 프로게이머인 저의 영업비밀이니 누가 쳐다보고 있지는 않은지 살펴본 다음 혼자 몰래 읽기를 바랍니다. 특히 라

이별에게는 이 책을 빌려주지 마세요.

지피지기면 백전불태

손자가 한 말이지요? 적을 알고 나를 알면 위태롭지 않다는 의미
죠. 충무공 이순신은 백전불태를 백전백승으로 바꾸어 쓸 정도로
지피지기의 중요성을 강조했습니다. 우선 내가 어떤 게임을 잘하는
지 알아야 합니다. 게임을 아무리 좋아하더라도 모든 게임을 잘할
수는 없습니다. 성향에 따라 나와 맞는 게임이 있고 나와 맞지 않
는 게임이 있습니다. 1인칭 슈팅 게임이 나와 맞는다면 1인칭 슈팅
게임을, 전략 시뮬레이션 게임이 나와 맞는다면 전략시뮬레이션을,
대전 게임이 나와 맞는다면 대전 게임을 하면 좋겠죠. 만약 친구들
사이에서 단 하나의 게임만 통용된다면 게임 안에서 내가 가장 잘
할 수 있는 것을 연습하면 좋습니다. 〈리그 오브 레전드〉를 예로 들
면 다섯 가지 포지션 중에서 나와 맞는 포지션을 집중적으로 연습
합시다. 미드면 미드, 정글이면 정글 내가 잘할 수 있는 곳을 선점
합시다. 프로게이머도 한 포지션으로만 나오지, 포지션을 바꿔가며
출전하지 않습니다.

게임을 할 때는 온전히 게임에만 집중하자

가장 안타까운 사례는 게임을 하면서 오늘까지 해야 할 숙제를

생각하고, 공부를 하면서 오늘 어떤 게임을 할지 생각하는 겁니다. 게임을 할 때는 정신이 말똥말똥해야 합니다. 두 눈은 모니터를 뚫을 기세로, 두 귀는 누가 불러도 모를 정도로 몰입해야 합니다. 만약 손오공이 정신과 시간에 방에서 열심히 훈련하지 않았다면 일년 동안 시간만 허비한 채 근육이 아니라 살만 더 찌웠을 겁니다. 집중은 몰입을 유도하고 몰입은 성장을 불러일으킵니다.

생각하며 게임하자

보통 게임을 양손을 통해서만 하는 것으로 알기 쉽지만 중요한 것은 머리, 두뇌 회전입니다. 아무 생각 없이 손 가는 대로 게임을 하면 발전 속도가 더뎌요. 특정한 상황에서 왜 이렇게 플레이해야 하는지 메커니즘을 이해하고 게임을 해야 합니다. 일류와 초일류를 가리는 종이 한 장의 차이는 순간적인 판단, 게임 전체를 읽는 눈입니다. 손이 빠르면 겉보기에는 화려해 보일지 모르지만 실속은 떨어집니다. 프로리그에서 우승하는 선수는 손이 빠른 선수가 아니라 게임을 잘하는 선수입니다.

게임이 끝나면 반드시 복기한다

잘한 부분은 더 잘할 방법을, 아쉬운 부분은 어떻게 하면 보완할 수 있는지 되돌아봅시다. 마치 바둑 기사들이 한판의 바둑을 마치고 난 다음에 서로 상대의 돌을 여기저기 두며 다른 경우의 수를 따져보듯이 내가 한 게임을 분석해야 합니다. 모든 방법 중에 이 방법은 가장 실행에 옮기기 어려워요. 이긴 게임은 이겼기 때문에 개선점이 잘 보이지 않고 진 게임은 생각하는 것만으로도 화가 나기 때문입니다. 하지만 실력을 키우는 데 있어서 이 과정만큼 도움이 되는 것은 없습니다. 공부할 때 매번 실수하는 문제는 오답 노트로 만들어 곱씹으며 다음에 같은 실수를 반복하지 않으려는 것과 같습니다. 누군가는 완벽히 이해한 문제는 보지도 않고 헷갈리는 문제를 푸는 데 시간을 쓰지만 누군가는 아는 문제는 좋다고 미소를 지으며 시간을 들여 풀고 어려운 문제는 풀 엄두조차 내지 않습니다.

항상 나보다 잘하는 사람과 어울리며 그들의 플레이를 배우자

프로게이머의 경기 운영을 흉내 내도 좋고 나보다 더 잘하는 친구의 플레이를 따라 해도 좋아요. 저는 중학생 때, 염치없게도 저보다 잘하는 친구의 집에 매일 놀러 갔습니다. 컴퓨터는 한 대밖에 없었죠. 친구가 하는 게임을 옆에 앉아서 쳐다보고, 물어보고, 배웠습니다. 시간이 지나자 제가 친구보다 더 높은 단계에 올라서 있었습니다. 새하얗게 눈이 쌓인 날 앞 사람이 지나갔던 발자국을 그대로 따라가듯이 나보다 나은 사람의 플레이를 흡수해봅시다. 처음에는 익숙하지 않고, 자존심이 상할 수도 있겠지만 나중을 생각합시다. 한 번, 두 번 물어보고, 흉내를 내다보면 자연스럽게 몸에 익을 거예요.

자, 이제 정리해볼까요? 내가 어떤 게임을 좋아하는지 알기, 시작했으면 게임에 온전히 집중하기, 생각하면서 게임하기, 게임이 끝나면 더 나은 플레이는 없는지 되돌아보기, 나보다 잘하는 사람을 찾고 그 사람의 플레이를 따라 하기. 이 다섯 가지 방법을 천천히 반복하다 보면 곧 게임의 달인이 될 수 있을 겁니다. 게임뿐만 아니라 어떤 분야에서든 다섯 가지 방법을 활용한다면 손오공처럼 짧은 시간에 일취월장할 수 있지 않을까요?

함께 게임하고 있는 상대방도 모니터 너머의 사람이다

게임이 싸움으로 번지는 과정

게임을 하다 보면 '욱' 할 때가 많습니다. 조금만 더 하면 목표에 다다를 수 있을 것 같은데 그렇게 되지 않을 때, 같은 편이 생각대로 움직여주지 않을 때, 상대방이 너무 얄밉게 게임을 할 때 나도 모르게 화가 치밀어 오릅니다. 이런 상황을 마주하게 되면 간혹 입에서 안 좋은 말이 나오죠. 프로게이머의 경기 중에도 한 선수가 욕을 해서 화제가 된 적이 있습니다. 두 선수 간 숨죽이는 접전이 이어졌고, 경기 중간 불리해진 선수의 얼굴이 카메라 화면에 클로즈업되었는데 그 순간 욕을 하는 입 모양이 그대로 생방송으로 나갔습니다. 시청자들은 화들짝 놀랐습니다. 관중 중에 어린 팬들도 많은데 욕을 하다니 너무하는 것이 아니냐는 의견과 자기의 감정을 표출하는 게 잘못이냐는 의견이 대립했습니다. 생방송이기 때문에 편집할 수도 없었죠. 논란은 있었지만 해당 선수에 대한 징계는 없었고, 생방송 경기이니 가급적이면 욕설을 하지 말라는 주의가 주어졌습니다.

축구나, 야구, 배구처럼 다른 스포츠를 보더라도 선수들이 순간적으로 감정을 제어하지 못해 욕을 하는 모습을 종종 볼 수 있습니다. 찬스에서 원하는 곳으로 공을 차지 못해 골대를 한참 벗어나는 경우나, 안타를 꼭 쳐야 하는 상황에서 방망이를 휘둘렀는데 삼진을 당했을 경우 선수들은 흥분한 감정을 욕과 함께 드러냅니다. 그래도 누구나 이해할 수 있는 상황이기에 팬들도 있는 그대로 받아들입니다. 여자배구의 상징 김연경 선수가 경기 중에 욕을 했지만 팬들이 식빵 요정이라는 재미있는 별명을 붙여주었던 것처럼 말이에요.

욕을 하는 것은 분명히 나쁜 일입니다. 그러나 그 순간에 몰입한 나머지 기대에 부응하지 못한 자신을 자책하고, 상황을 한탄하기 위해 자기도 모르게 나오는 욕설이라면 충분히 이해할 수 있습니다. 세상에서 욕 한 번 하지 않은 사람이 어디 있을까요? 문제는 욕설의 방향이 내가 아니라 남일 때 발생합니다. 일 대 일로 대결하는 게임이라면 누군가를 탓할 일이 없기 때문에 남에게 뭐라고 할 일도 별로 없습니다. 하지만 최근에 인기를 끄는 게임들은 대부분 다른 유저들과 한편을 먹고 협동하는 시스템을 갖고 있습니다. 혼자서 하는 것보다 여럿이서 함께 하는 게 더 재미있기 때문입니다. 같은 편이지만 서로의 생각이 다르기 때문에 의견이 대립할 수도 있고, 합이 안 맞을 수도 있습니다. 프로게이머의 경기에서도 손과 발이 안 맞는 일들이 허다하게 나오는데, 아마추어인 우리의 경기에서 그런 일이 발생하지 않을 리가 없습니다.

처음에는 "왜 그렇게 플레이하느냐, 답답하다. 이렇게 하지 말고 저렇게 하자." "당신 때문에 질 것 같다. 내가 하라는 대로 해라."라고 가벼운 다툼을 하면서 싸움이 시작됩니다. 서로 남 탓을 하다 보면 싸움이 커져서 인신공격으로 변하죠. 생판 처음 만나는 사람끼리 이 욕, 저 욕 다 하다가 아무런 관계도 없는 부모 욕까지 하게 됩니다. 게임의 승부는 뒷전이 됩니다. 게임에 이기고 지는 것은 더 이상 중요하지 않습니다. 상대방보다 빨리 손가락을 놀려서 키보드를 두드립니다. 나보다 상대방을 더 화나게 만들어야 이기는 것으로 생각하는 싸움에 온정신을 집중합니다. 의미 없는 싸움을 이어나가다 게임이 끝나면 다시는 같은 편으로 만나지 말자고 서로 씩씩거리며 끝이 나죠. 이렇게 되면 서로에게 남는 것은 마음의 상처와 상대가 내뱉었던 창의적인 욕설뿐입니다.

불필요한 싸움을 흘려버리는 고수의 몸짓

우리는 게임을 즐기려고 했을 뿐인데, 왜 게임은 하지 않고 다른 사람과 싸우게 되는 것일까요? 두 가지 이유가 있습니다. '내로남불'과 '온라인의 특성' 때문입니다.

'내가 하면 로맨스, 남이 하면 불륜'의 줄임말인 내로남불은 나의 행동은 주관적으로 보고 남의 행동은 객관적으로 보기 때문에 발생합니다. 내가 하는 일에는 이런저런 이유가 있었고, 이렇게 할 수밖에 없는 상황이었다고 합리화하지만 남이 하는 행동은 결과를 먼저 보고 거침없이 비판합니다. 사람이라면 정도의 차이가 있겠지만 누구나 비슷한 경험을 겪었을 거예요. 게임상에서 나의 플레이는 이렇게 할 수밖에 없는 이유가 있었다는 것을 자신은 알지만, 같은 편은 알 수가 없습니다. 반대도 마찬가지죠. 그렇지만 다른 사람의 플레이는 과정보다 결과를 먼저 봅니다. 그러다 보니 똑같은 실수를 해도 나에게는 관대하지만 남에게는 옹졸하게 됩니다. 왜 그렇게 플레이했는지는 알고 싶지도 않고 알려고 하지도 않습니다.

욕을 받아주는 상대방이 눈앞에 보이지 않는 것도 거침없는 말을 하게 되는 원인입니다. 나와 함께 게임을 한 상대방은 이름도, 나이도, 성별도, 얼굴도 모르는 미지의 사람일 뿐입니다. 상대방에게 잘못한들 앞으로 만날 일도 없을뿐더러 게임 아이디는 차단하면 그만이죠. 더 볼 일이 없기 때문에 어떤 말을 하든 상관없다고 생각합니다. 만약 나와 함께 게임을 한 사람이 바로 내 옆자리에 앉아 있다고 가정한다면 온라인에서 욕을 하듯 마음껏 욕을 할 수 있을까요? 상대방이 나보다 덩치도 크고 팔 근육까지 울퉁불퉁하다면? 아무래도 욕을 하기는 쉽지 않을 것 같습니다.

이유를 막론하고 욕을 하는 것은 나쁜 일이에요. 입에서 나오는 말은 굉장한 힘을 갖고 있어서 좋은 말은 좋은 결과를 낳고 나쁜 말은 나쁜 결과를 부릅니다. 의식적이든 무의식적이든 상대방에게 욕을 하는 것은 결국 부메랑처럼 되돌아와 내 마음을 아프게 합니다. 한바탕 싸움을 하고 나면 심장이 빨리 뛰고 흥분이 쉽게 가라앉지 않습니다. 싸웠던 일이 떠오르고 그때 왜 그랬는지 후회도 남습니다. 한동안 다른 일에 집중하기 힘들어지고 결국 내 시간만 낭비하게 됩니다. 승자는 없고 패자만 남게 되죠.

어떻게 하면 다른 유저들과 싸우지 않고 게임할 수 있을까?

첫째, 내로남불을 '내로남로'로 바꿔봅시다.

내가 하는 플레이에 이유가 있듯이 남이 하는 플레이에도 그럴 만한 이유가 있을 거예요. 실력이 부족할 수도 있고 순간적으로 방심을 했을 수도 있습니다. 누군가가 갑자기 불렀을 수도 있고 급한 전화가 와서 전화를 받느라 게임에 집중하지 못했을 수도 있습니다. 남에게 관대해지는 순간 상대방을 비방할 일은 급격히 줄어들 겁니다.

둘째, 게임을 함께 하는 유저는 온라인 세계의 가상 캐릭터가 아니에요. 나와 똑같이 컴퓨터 앞에 자리 잡고 앉아서 마우스와 키보드를 조작하며 게임을 하는 사람이자 인격체입니다. 게임 중에 나와 생각이 다른 부분이 있다면 그것만 놓고 의견을 교환해봅시다. 대화 끝에 참지 못하고 인신공격을 하는 순간, 상대방의 인격을 무시하고 사람으로서 대접하지 않겠다고 선언하는 것입니다. 상대방에게 존중받으려면 먼저 상대방을 존중해야 합니다.

물론 이 세상에는 아주 다양한 사람들이 살고 있어서, 어떤 경우든 예외가 존재합니다. 아무리 상대방에게 친절하게 응대하고, 사람으로 존중하더라도 상대방과 싸우게 될 수 있습니다. 아무 잘못도 안 했는데 저쪽에서 막무가내로 욕을 하고 공격적으로 나오는 경우입니다. 그러지 말라고 이야기해도 소용없습니다. 오히려 싸움을 유발하기 위해서 계속 도발을 시도할 거예요. 몇 번 대화를 나눠보고 이 사람과는 도저히 말이 통하지 않겠다는 생각이 들면 대화를 끊고, 무시하기 바랍니다. 좋은 마음으로 상대를 교화하려고 해본들 시간 낭비가 될 가능성이 높으니까요. '우와, 저런 사람도 있구나.'라

고 생각하고 가볍게 넘겨버립시다. 우리는 게임을 하러 왔을 뿐이
지, 상대방의 비위를 맞추고 기분을 풀어주러 온 것이 아니니까요.

게이머를 위한 아포리즘

게임은 가치중립적인 도구다.

어떻게 활용할지는 사용자의 마음가짐에 달려 있다.

프로게이머의 수명은 짧다.

프로게이머가 되었더라도 미래를 대비해야 한다.

승리에 대한 강박은 게임에 집착하게 만든다. 승패에 연연하지 않고 게임

을 즐기는 연습을 하라. 라이벌에게 한 판 진들 세상은 무너지지 않는다.

게임 중독의 기준은 정해져 있지 않다. 감당할 수 있는 게임 시간을 찾고

스스로 나를 통제하는 훈련을 해야 한다.

게임을 잘하는 방법은 나를 알고, 생각하고, 집중하고, 반복하고,

되돌아보는 것이다.

나와 게임하는 상대는 가상 인물이 아니다.

나와 같은 사람임을 명심하라.

3장
게임+공부:
게임하는 나, 공부하는 나

게임과 공부, 이 애증의 관계

집에서도 공부해야 하는 10대

게임을 편하게 즐기는 데 가장 큰 걸림돌이 되는 것이 무엇일까요? "당연히 공부죠."라고 대답하는 모습이 많이 보입니다. 이번엔 거꾸로 물어봅니다. 공부하는 데 가장 큰 방해가 되는 것은 무엇일까요? "당연히 게임이죠." 게임과 공부가 줄다리기를 하듯이 서로를 방해하는 셈이네요.

여러분의 직업은 학생입니다. 사실 학생을 직업이라 하기엔 무리가 따르지만, 설문지 같은 데서 직업란을 적을 때 '학생'이 있는 것을 감안하여 직업이라고 생각해볼게요. 학생은 학교에 다니며 사회성을 기르고 앞으로 살아가는 데 필요한 지식을 쌓아야 합니다. 하지만 학생이라고 해서 하루 종일 공부만 할 수는 없죠. 쉴 때는 쉬어야 하고 놀 때는 놀아야 초등학교, 중학교, 고등학교 12년간 학창 시절을 건강하게 지속할 수 있습니다. 마라톤 선수들이 체력 안배를 잘해서 자신의 페이스에 맞춰 달리는 것처럼 공부도 긴 호흡을 갖고 해야 합니다. 게임은 그 긴 여정에서 여러분에게 쌓인 학업 스트레스와 피로를 풀어주는 좋은 친구입니다.

하지만 아직 상당수의 교사와 부모는 게임을 하는 우리의 모습을 탐탁지 않게 여깁니다. 게임이 공부에 지장을 준다고 여기기 때문인데요. 게임만 안 했으면 공부를 더 할 거라는 기분 좋은 착각도 하는 것 같습니다. 게임을 안 하더라도 이미 공부에 지친 우리는 에너지가 별로 남아 있지 않은데 말입니다. 게임이 없다면 아마 다른 재미있는 것을 찾겠지요? 부모의 강압에 못 이겨 억지로 책을 펼치고 앉더라도 다른 생각을 하게 될 테고요. 저의 학창 시절, 늦은 시간까지 게임을 하고 있으면 아버지께서는 방문을 살짝 열고 게임하는 아들의 뒷모습을 슬쩍 보시곤 혀를 끌끌 차셨습니다. "일찍 자라." 하시면서 방문을 닫으셨죠. 다른 부모들처럼 컴퓨터를 강제로 종료하게 한다든지 소문으로만 들었던 전원 코드를 가위로 잘라버린다든지 하는 상황까지는 겪어보지 못했지만 부모님께서 게임을 하는 제 모습을 썩 좋아하지 않는다는 것은 충분히 느낄 수 있었습니다.

"얘는 시간이 몇 시인데 아직 게임하고 있니?" "대체 얼마나 할 거야? 적당히 하고 일찍 자라."는 부모의 말 앞에는 '하라는 공부는 안 하고'가 숨겨져 있습니다. 만약 늦은 시간까지 게임이 아니라 공부를 하고 있었다면 부모의 날카로운 눈총을 받았을까요? 아니요, 아마 포크가 놓인 과일 접시를 받았을 겁니다. 학교에서는 최선을 다해서 공부했고 집에서는 편하게 쉬기 위해 게임을 했을 뿐인데 언제나 부모님들은 안 좋은 눈빛으로 쳐다봅니다. 엄마, 아빠도 집에서는 소파에 누워 텔레비전을 보고, 스마트폰을 만지작거리며 쉬지 않나요? 나는 마음껏 쉬지도 못하나요? 억울해도 이렇게 억울할 수가 없습니다.

우리나라 학생처럼 24시간 내내 공부만 생각해야 하는 직업도 없을 거예요. 저는 학교에서는 교사의 수업에 최대한 집중해서 공부하고 집에서는 편안하게 하고 싶은 것을 즐기는 게 학생답다고 생각합니다. 직장인도 회사에서는 업무에 집중하고 퇴근하면 가족과 함께 간식과 과일을 먹으며 편하게 시간을 보내는 것처럼 말이죠.

공부할 때는 공부를, 게임할 때는 게임을 하자

학생의 입장에서 일터는 학교이고, 학교에서 나온 순간부터 잠이 들 때까지는 자유로워야 합니다. 학생에게 집에서 공부하라고 강요하는 것은 직장인에게 퇴근 후에 집에서도 일하라는 것과 같습니다. 물론 직장인들이 중요한 프로젝트 때문에 집에서도 일할 때가 있는 것처럼 학생도 시험 기간일 때는 집에서도 공부를 할 수 있습니다. 그렇지만 평소에는 집에서만큼은 하고 싶은 대로 할 수 있어야 합니다. 중요한 것은 스스로 생활의 균형을 유지하고 본인의 리듬을 지키는 것입니다. 자유에는 책임이 뒤따르는 법! 해야 할 일은 제대로 마쳐놓고 하고 싶은 것을 하면 그만입니다.

저는 고등학교 3학년 때 수능시험을 준비하면서 하루의 대부분을 공부에 할애했습니다. 누구보다 게임을 좋아했고 학교를 자퇴하고 프로게이머 활동을 이어가고 싶다고 생각한 적이 있었지만 고등학교 3학년 때만큼은 공부에 전념했습니다. 그렇지만 공부는 학교에서만 했습니다. 집에서는 공부하지 않았습니다. 하지 않은 게 아니라 할 수가 없었습니다. 야간 자율학습 시간이 끝나고 집에 도착하면 밤 10시가 넘었습니다. 평일이든 주말이든 마찬가지였어요. 하루 내내 공부에 집중했기 때문에 집에서는 공부할 에너지가 남아 있지 않았습니다. 귀가하고도 공부한다는 친구들을 의식했지만 더 이상 책을 잡을 힘이 없었어요. 습관처럼 컴퓨터를 켜고 한창 인기 게임이었던 〈워크래프트3〉를 한 시간 남짓했습니다. 게임으로 스트레스를 풀고 잠시나마 쉬고 싶었거든요. 다음날이 되면 아침 0교시부터 다시 공부했습니다.

중요한 e스포츠 방송 경기가 있는 날에는 야간 자율학습을 몰래 빼먹고 친구 집에서 경기를 시청했습니다. '공부를 하지 않고 프로게이머를 계속했다면 저 자리에 내가 앉아 있었을 텐데.'라고 생각하니 부러움과 아쉬움이 교차했죠. 그렇지만 공부를 하고 있는 그 순간이 싫지 않았습니다. 고등학교 3학년, 저의 목표는 공부를 열심히 해서 성과를 거두는 것이었고, 친구들과 같은 공간에서 함께하는 공부는 나름대로 즐거웠습니다. 누군가와 함께 같은 목표를 향해 달려가고 있다는 것도 큰 위안이 되었습니다. 만약 혼자서 공부했다면 제대로 집중하지 못했을 겁니다.

게임과 공부는 자석의 N극과 S극처럼, 서로 상극인 것처럼 느껴집니다. 기성세대는 게임이 공부에 집중하기 힘들게 만든다고 생각합니다. 아닙니다. 우리의 생각과 마음가짐이 게임과 공부 사이의 관계를 결정합니다. N극에 N극을 가져다대면 서로 밀어내듯이 마음의 준비가 되어 있지 않은 상태에서 공부에 공부를 갖다 대면 하면 반발이 생기는 것뿐입니다. "어, 뭐야 뭐야. 나 아직 준비가 안 됐다고!" 하는 거죠. 반대의 경우도 마찬가지입니다. 마음의 준비 없이 공부에 게임을 갖다 대면 찰싹 붙어버려서 공부와 게임의 경계가 모호해집니다. 공부할 때는 공부에 온전히 집중하고, 게임을 할 때는 게임을 온전히 즐겨야 합니다. 물론 엄청나게 어려운 일입니다. 하지만 노력해보아요. 학교에서는 머리를 꾸벅이면서 수업을 듣고,

집에서는 부모의 눈치를 보면서 게임하는 틀에서 벗어납시다. 학교에서는 집중해서 수업을 듣고 집에서는 당당하게 게임을 합시다. 우리는 그럴 만한 자격이 있고 능력도 충분합니다.

우리가 공부하는 진짜 이유는 베일 속에 가려져 있다

왜 오늘도 책을 펼치고 펜을 잡았을까?

우리는 학교와 학원에 다니면서 하루의 대부분을 공부하며 보냅니다. 하루 중 가장 많은 시간을 쓰는 활동이지만 정작 '내가 왜 공부하는지'에 대해서는 그리 심각하게 고민해본 적이 별로 없을 겁니다. 그저 '학생이니 당연히 해야 하는 일'이라고 받아들였겠지요? 그러게 말입니다. 공부는 왜 해야 할까요? 한번 체크해볼까요?

> □ 시험 성적을 잘 받기 위해서
> □ 공부를 안 하면 특별히 할 일이 없어서
> □ 친구들보다 좋은 성적을 얻으려고
> □ 부모님과 선생님이 하라고 하니까
> □ 나중에 잘 먹고 잘 살기 위해서

다 맞는 말입니다. '공부를 왜 하나?'라는 질문에는 사실 정답이 없습니다. 물론 대한민국의 특수성을 감안한다면 조금 '뻔한 답' 즉 '남이 듣고 혹은 나 스스로 수긍할 만한 답'들이 있겠지요. 돈을 많이 벌기 위해 공부하는 사람도 있을 테고, 별 생각 없이 공부하는 사람도 있을 거예요. 하지만 거의 대부분의 학생들은 진짜 공부하고 싶어서 하는 게 아닐 겁니다. 기성세대가 정해놓은 의무교육이니까, 남들도 다 하니까, 어차피 대학에 가야 하니까…… 이런 이유 때문에 공부합니다.

실제로 대학을 졸업하고 회사에서 일을 해보니 중·고등학교에서 배웠던 지식은 거의 사용하지 않습니다. 국어 교과서의 지문처럼 다양한 해석이 존재하는 알쏭달쏭한 글을 볼 일도 없고, 미분과 적분을 통해 멋지게 문제를 풀어서 프로젝트에 적용할 일도 없고요. 심지어 대학에서 배우는 심화 전공도 실제 업무에 활용할 일은 극히 드뭅니다. 저는 기계공학을 전공해서 기계공학의 꽃이라고 불리는 자동차 회사에 입사했는데도 불구하고 전공 지식을 업무에 써먹을 일이 별로 없었어요. 전공과 무관한 일을 하는 사람은 학교에서 배운 것을 전혀 이용하지 못할 겁니다. 회사 일은 회사에 입사해서 배운다는 대학 선배의 말은 그대로 적중했습니다.

한 가지 예외는 있었습니다. 영어는 잘하면 도움이 됩니다. 세계는 점점 가까워지고 있고 국가 간 물리적인 거리는 있지만 어디서

나 온라인으로 외국인과 소통할 수 있는 시대가 되었습니다. 영어를 잘하면 외국인과 실시간으로 회의할 수 있고, 출장, 교육 등 다양한 기회를 접할 수 있습니다. 당연히 영어 문제의 정답을 잘 맞히는 게 아니라 말하기, 듣기를 잘해야 하죠. 아무리 영어 성적을 잘 받아도 외국인 앞에서 말하고 들을 수 없으면 영어를 잘한다고 할 수 없겠죠? 언어는 사람의 소통을 위해 만든 도구이니까요.

그렇다면 인생을 넓은 관점에서 봤을 때 졸업하고 나서 별로 사용하지도 않을 뿐더러, 실생활에 도움이 되지 않는 지식을 왜 암기하고 한 문제라도 더 맞히기 위해 애를 쓰고 있는 걸까요? 그저 시험을 잘 치르고 좋은 성적을 받아, 명문 대학에 가고 돈 잘 버는 직업을 구하기 위해서일까요?

공부의 본질을 이해하면 **마음가짐이 변한다**

저는 왜 공부해야 하는지에 대한 자신만의 뚜렷한 답이 있을 때 공부에 집중할 수 있고, 힘들 때 참고 버텨낼 수 있다고 생각합니다. 그래야만 편하게 쉴 수 있고 게임도 기분 좋게 할 수 있어요.

공부는 삶의 자세를 바로잡고 사고하는 힘을 키우는 일입니다. 대학을 졸업하고 기업에 취직해서 겪게 되는 일들은 정해진 답이 없는 경우가 대부분입니다. 어떤 문제가 생겼을 때 어떻게 해야 한다는 가이드라인은 있지만 구체적으로 어떻게 해야 할지는 아무 데도 적혀 있지 않아요. 경영 환경에 따라, 제조사의 기술 능력에 따라, 함께 일하는 사람의 성향에 따라 그때그때 해결책이 달라집니다. 짧은 시간 10의 자원을 투자해서 수습해야 하는 일도 있고, 긴 시간 100의 자원을 투자해서 관리해야 하는 일도 있어요. 기업은 최소한의 자원을 투입해 최대한의 효율을 내려는 조직입니다. 어떤 전략을 짜서 얼마만큼의 자원을 투입하고, 얼마의 시간을 들여 어떤 방법으로 문제를 해결해야 할지 항상 고민해야 합니다.

이런 태도와 사고 과정은 학창 시절 공부하면서 자연스럽게 길러집니다. 그래서 문제의 정답보다 풀이 과정이 중요하다고 말하는 것입니다. 찍어서 맞춘 것과 문제를 제대로 이해하고 풀어서 맞춘 것은 같은 1점이지만 전혀 다른 의미를 가집니다. 암기만 해서는 새로운 문제를 접했을 때 새로운 관점으로 사고할 수 없어요. 회사에서 일할 때뿐만 아니라 사업을 하거나 다른 일을 할 때도 마찬가지입니다. 학교에서 지식 그 자체를 공부하는 것처럼 보이지만 실제로는 어떻게 문제를 바라보고 어떻게 해결해야 효율적인지 학습하는 것입니다.

정신건강의학과 의사 오은영 박사는 저서 『오늘 하루가 힘겨운 너희들에게』에서 공부하는 이유에 대해 이렇게 설명했습니다. "성적

공부에서
가장 중요한 것 역시
성취감이다.

에 상관없이 공부를 하는 건 무척 중요합니다. 좋은 직업을 선택하기 위해서가 아니라 삶의 태도를 바꾸기 위해서 공부를 해야 합니다. 공부는 자기 자신에 대한 신뢰감을 얻는 수단이기도 합니다. 스스로 세운 목표를 이루기 위해 노력하면서 성취감을 얻게 됩니다. 이게 공부가 가진 본래의 가치입니다. 그래서 공부를 잘하는 게 아니라 열심히 하는 게 중요합니다. 어쩌면 공부를 잘하는 것은 아주 소수에게만 주어진 재능일지도 모릅니다. 고비가 있으면 견뎌내야 하고, 지루한 것은 참아내야 하고, 그런 걸 배워 나가는 것이 학습의 과정입니다."

컨설턴트 김병완은 『공부의 기쁨이란 무엇인가』에서 공부 그 자체를 즐기라고 말합니다. "대부분의 사람들이 단지 목적을 달성하기 위한 공부를 한다. 입학, 취업, 승진, 졸업, 자격증, 스펙 등을 위해 노력하는 공부는 신중하게 계획된 연습이 있는 공부가 아니라 점수만 나오면 되는 공부, 정답만 알면 되는 공부다. 그러므로 과정이 단순하다." 공부를 하기 위한 마음가짐에 대해서는 "근본적인 해결책은 따로 있지 않다. 자기주도 학습법을 아무리 실천한다고 해도 공부를 대하는 태도가 변하지 않는다면 무용지물이다. 공부가 즐거운 사람과 공부가 괴로운 사람 사이의 간극은 크다."라고 언급했습니다.

수학을 못 해도 사는 데 전혀 지장이 없고, 영어 단어 하나 몰라도 외국인과 충분히 소통할 수 있습니다. 컴퓨터 프로그램을 통해 수학 문제를 풀면 되고, 온몸을 총동원해서 손짓, 발짓하며 의사를 표현하면 됩니다. 우리가 공부하는 이유는 단순히 지식을 쌓기 위해서가 아니에요. 앞으로 살아가는 데 있어서 마주할 현상을 대하는 마음가짐과 노력하는 자세를 연마하기 위해서입니다. 교과서를 보는 도중에, 문제집을 보는 도중에 가끔은 공부를 하는 이유에 대해 돌아보는 여유를 가져봅시다.

게임과 공부 둘 다 100점 받기

게임과 공부 두 마리 토끼를 잡을 수 있었던 이유

다소 부끄럽지만 저의 학창 시절을 좀 더 자세히 소개하는 것이 도움이 되리라는 생각이 듭니다. 본인의 생활 패턴과 비교해보고 따라 하면 좋을 것 같은 대목이 있다면 본인의 삶에 적극적으로 적용해봅시다.

저는 둘째가라면 서러워할 정도로 게임을 좋아했고, 학창시절의 대부분을 게임과 함께 보냈습니다. 프로게이머가 되기 위한 도전은 중학교 3학년 때부터였어요. 동네 PC방 대회부터 참가하기 시작해서 전철을 타고 멀리까지 나가 규모가 큰 대회에 참가했습니다. 경험을 쌓아나가며 실력을 키웠고 고등학교 2학년 때 최고의 선수들만 참여하는 온게임넷 스타크래프트 대회를 통해 프로게이머로 데뷔했습니다. 임요환, 홍진호, 기욤 패트리 등 당대를 대표하는 선수들과 함께 경기에 출전했죠. 저는 출전한 선수 중에서 최연소 참가자였습니다. 데뷔전에서는 홍진호 선수에게 승리를 거두고 다크호스라는 말을 들었습니다.

오늘의 득템

1999년부터 2012년까지 진행된 권위 있는 스타크래프트 리그입니다. 16강 토너먼트 방식으로 진행, 전 경기가 생중계되며 우승자는 상금과 함께 당대 최고의 선수라는 칭호를 받았습니다. 선수들은 다른 대회는 포기하더라도 이 대회 본선에 진출하기 위해 피나게 연습했습니다. 우리가 알고 있는 유명 스타크래프트 게이머(임요환, 김택용, 이영호, 이제동 등) 모두 우승 경험을 갖고 있습니다.

하지만 고등학교 3학년 때엔 수학능력시험 준비에만 전념했습니다. 공부할수록 성적이 올랐어요. 학기 초 처음에 치렀던 모의고사 점수와 비교해서 수능 때는 100점 가까이 높은 점수를 받았습니다. 명문대학의 상징인 SKY에 들어가지는 못했지만 선호했던 부산의 국립대학에 입학했습니다. 대학을 졸업할 때는 상위 10퍼센트의 성적으로 졸업했고, 원하는 기업에 입사했습니다.

게임으로 일 등을 하지는 못했고, 공부로도 일 등을 하지 못했지만 하고 싶은 만큼 게임을 했고 좋은 대학에도 들어갈 수 있었습니다. 선망했던 회사에 취직해서 하고 싶은 일도 하고 있습니다. 게임과 공부 두 마리 토끼를 잡을 수 있었던 이유는 단순합니다. 게임할 때는 게임만 하고, 공부할 때는 공부만 했기 때문입니다. 수업 시간에는 최대한 졸지 않았습니다. 선생님께서 하시는 말씀을 모두 따라 적지는 않았지만 중요하다고 생각하는 것은 받아 적고 기억했습니다. 게임에 빠져 있을 때도 수업의 흐름은 따라가려고 노력했습니다. 시험 기간에는 수업 시간에 배운 내용을 바탕으로 복습을 했습니다. 공부는 학교에서만 했어요. 고등학교 3학년 때 여름방학 기간에만 학원에 갔습니다. 개념이 부족하다고 느꼈던 화학을 공부하기 위해서였어요.

일단 학교를 벗어나면 지독할 정도로 게임을 했습니다. 제가 게임하는 모습을 뒤에서 지켜보는 것을 좋아했던 PC방 사장님이 공짜로 게임을 할 수 있게 지원해줬습니다. 횡재였죠. 한동안 PC방에서 돈 걱정 없이 게임을 했습니다. 게임할 때는 게임 생각만 했습니다. 나보다 잘하는 사람의 플레이를 훔치려고 했고, 손쉽게 승리할 수 있는 방법이 없는지 궁리했습니다. 주말에는 동경하던 게이머 형들과 함께 PC방에서 밤을 새웠습니다. 방학 때는 서울에 있는 게임단 숙소에 찾아가서 선수들과 몇 주간 함께 생활하며 실력을 키웠습니다. 대회가 있는 날에는 조퇴하거나 방송국의 공문을 받아 학교를 결석하고 서울 삼성동 경기장으로 갔습니다.

학교 안의 나와 학교 밖의 나를 완벽하게 분리하자

뒤돌아보면 게임과 공부 둘 다 소기의 성과를 거둘 수 있었던 이유는 게임과 공부의 철저한 분리였습니다. 학교에서는 공부를 하고 학교 밖에서는 게임을 했어요. 당시에는 스마트폰이 없었기 때문에 지금보다 마음을 잡기 유리했습니다. 마음가짐에 따라 충분히 공부에 집중할 수 있었습니다. 어차피 학교에서는 공부 말고 할 것이 없었고, 선생님들의 수업을 듣는 것이 그다지 재미있지는 않았지만 그렇다고 잠이 오거나 따라가기 힘들지는 않았습니다. 어차피 학교에서 보내야 하는 시간, 꾸벅꾸벅 졸면서 시간을 버리느니 공부를 하는 게 이득이었습니다.

학교 밖에서는 누가 공부하라고 말해도 듣지 않았을 뿐더러 공부할 생각도 없었어요. 다른 선수들의 실력을 따라잡기 위해서는 게임에 몰두해야 했습니다. 가장 부러웠던 것은 검정고시로 고등학교 과정을 수료하고 게임만 했던 동갑 프로게이머들이었습니다. 그들이 승승장구하는 모습을 보면서 '나도 하루 종일 게임만 하면 더 잘할 수 있을 텐데.'라는 철없는 생각을 자주 했습니다. 진지하게 자퇴를 고민하기도 했지만 학교 밖에서 마음껏 게임할 수 있는 상황에 만족해야 했습니다.

"도대체 어떻게 그렇게 게임하면서 공부를 함께 했나요?"라고 물어보고 싶을지도 모르겠습니다. 공부만 놓고 봤을 때 누군가에게 조언하기는 조금 부끄러운 성적이지만 게임과 공부를 병행하는 측면에서는 저의 경험도 도움이 될 것 같아요. 가장 중요한 것은 자신의 마음가짐이라고 생각해요. 어떻게 마음을 먹느냐에 따라 게임을 하면서도 공부를 할 수 있습니다. 공부 방법은 둘째 문제에요. 공부를 하려고 마음을 먹었다면 시행착오를 겪을 것이고, 자연스럽게 나에게 가장 잘 맞는 공부 방법을 찾게 될 겁니다. 공부의 의지가 없는 사람에게는 공부의 신이 나타나서 공부 방법을 알려줘도 도움이 되지 않을 거예요. 생각과 행동의 주체가 되는 것은 나 자신이니까요.

아침에 일어나서 학교에 가기 위해 현관문을 나서는 순간부터 하교할 때까지 학교 수업에 최대한 집중하겠다고 다짐해보면 어떨까요? 마치 최면에 걸린 것처럼 학교에서는 공부 생각만 하고 공부에만 집중합시다. 마찬가지로 학교를 나와 집에 도착해서 게임을 하는 시간만큼은 게임에 집중합시다. 학교와 학교 밖이라는 물리적인 공간 분리와 함께 정신적으로도 철저하게 학교와 학교 밖을 분리해야 합니다. 이렇게 하면 하루가 길게 느껴질 것이고 두 가지 일 모두 집중할 수 있어요. 현재 성적이 어떤지가 중요한 게 아닙니다. 앞으로 어떤 생각을 가지고 어떤 마음가짐으로 하루하루에 임할지가 훨씬 중요합니다. 마음먹기에 따라 우리의 성적은 물론 삶은 크게 달라질 겁니다. 제가 보장할게요.

게임 머리에서 공부 머리로 돌아가는 방법

내 머릿속에서 게임을 지우자

부모의 성화에 못 이겨 억지로 게임을 종료하고 곧장 책상에서 자습서를 펼쳐 공부한 기억이 있을 겁니다. 자세를 고쳐 앉고 책을 들여다보지만 내용이 눈에 들어오지 않습니다. 게임을 종료하자마자 곧바로 공부에 집중하는 것은 성인이라도 하기 힘든 일입니다. 책장을 펼쳐도 십중팔구 게임 생각에 몸과 머리가 따로 놀 거예요. 게임상에서 내가 한 실수, 상대방의 얄미운 플레이, 한 판 더 하고 싶은 생각이 마음에 가득한 상태이니까요. 눈은 수학 문제를 보고 있지만 펜으로는 의미 없는 낙서를 하고 머리는 게임 생각으로 가득합니다. 그렇게 육체와 정신은 하나가 되지 못하고 한동안 무의미한 시간을 보낼 확률이 높습니다.

★ 내가 한 게임 돌아보기

- 이번 게임의 승부처는 ○○○였다.

나는 그 순간에 무슨 생각을 하고,
어떻게 플레이했는가?

→ 정신이 없어서 손이 가는 대로 플레이했다.
→ 같은 편이 시키는 대로 했다.

프로게이머라면 같은 상황에서 어떻게 플레이했을까?
이번 게임에서 실수한 것은 무엇인가?

→ 후반에 집중력을 잃어 허무하게 피해를 입었다.
→ 중요한 순간에 팀원과 호흡이 맞지 않았다.
→ 당황한 나머지 아이템을 잘못 샀다.

실수를 반복하지 않으려면 어떻게 해야 할까?
내가 한 실수를 되새기면서 게임에 임해보자.

- 상대방의 플레이 중에 배우고 싶은 점은 □□□이다.

게임을 종료했다면 먼저 게임으로 가득 찬 머리를 비워야 합니다. 게임의 정보로 혼잡한 머리는 아직 공부할 준비가 되어 있지 않아요. 잔을 비워야 새로운 물을 채울 수 있듯이 머릿속 잡념을 비워내야 새로운 지식을 받아들이는 사고를 할 수 있습니다. 즉 몸과 머리가 공부를 받아들일 준비를 해야 한다는 뜻입니다. 프로 스포츠 선수들이 경기하기 전에 몸을 푸는 이유가 여기에 있습니다. 축구 선수는 본경기가 시작되기 전에 경기장에 나와서 운동을 합니다. 슈팅 연습을 하는 선수도 있고 스트레칭을 하는 선수도 있고요. 몸을 이리저리 움직이면서 서서히 근육의 긴장을 풉니다. 적당히 땀을 흘리고 다시 라커룸으로 들어가서 경기를 준비하죠. 선수 소개 시간이 되고 아이의 손을 잡고 나오는 선수들의 모습을 보면 벌써 어느 정도 운동을 한 모습입니다. 땀을 흘리는 선수도 보이네요.

경기 시작 휘슬이 울리면 어차피 최선을 다해 뛰어야 하는데, 쓸데없이 에너지를 소비할 필요가 있느냐고 생각할 수도 있습니다. 그러나 역설적이게도 선수들이 땀을 흘릴 정도로 준비 운동에 매진하는 이유는 실제 경기에서 더 잘 뛰기 위해서입니다. 거친 몸싸움에 대비할 수 있도록 육체에 신호를 주고 부상을 입지 않기 위해서입니다. 만약 경기에 뛸 준비를 하지 않은 상태에서 바로 경기를 치르면 제대로 뛸 수 없을뿐더러 부상을 당할 확률도 높아집니다. 그래서 프로 선수뿐만 아니라 일반인들도 축구를 하기 전에 다리의 근육을 풀고 가벼운 달리기를 합니다.

축구 선수가 준비 운동을 하는 것을 그대로 우리에게 적용해봅시다. 게임을 종료하자마자 바로 책을 펼치는 것은 준비 운동을 하지 않은 채 경기에 뛰어드는 선수와 같아요. 공부에 집중할 수 있도록 준비 운동을 해야 합니다. 공부는 축구처럼 몸으로 하는 행동이 아니라고 생각할 수도 있지만 본질은 같아요. 두뇌도 공부할 수 있는 대비를 해야 합니다. 그리고 책에 나오는 내용을 받아들일 준비가 되었을 때 책을 펼치고 글을 읽어야 합니다. 그래야 투입한 시간만큼 효율이 나오고 오랫동안 공부에 전념할 수 있습니다.

즐거운 마음으로 공부와 잠시 이별하라

그렇다면 게임으로 가득한 머리를 어떻게 비울 수 있을까요? 다른 곳으로 이동하여 정신을 환기할 수 있는 활동을 하면 좋습니다. 가족과 대화를 나누거나 침대에 누워 눈을 감고 잠시 명상을 해도 좋고요. 세수를 해서 정신을 바짝 차리거나 좋아하는 음악을 따라 부를 수도 있겠네요. 텔레비전 뉴스를 시청하거나 친구와 전화로 수다를 떨어도 좋아요. 어떤 방법이든 정신을 환기할 수 있는 방법을 활용하면서 게임으로 가득 찬 머리를 비우면 돼요. 사람마다 자기에게 맞는 방법이 있을 겁니다. 나에게 맞는 방법을 적용하여 10분에서 20분 정도 쉽시다. 쉬면서 오늘 해야 할 공부에 대해서 천천히 생각해봐요. 오늘은 얼마만큼 공부할지 작은 목표를 미리 생각해보고, 어떤 방법으로 공부할지도 고민해봅시다. 머리가 서서히 비워지고 정신은 공부로 예열될 겁니다. 마음의 준비가 되었다면 엉덩이에 힘을 꽉 주고 책을 펼쳐 공부를 시작합시다.

거꾸로 공부 머리에서 게임 머리로 전환할 때도 마찬가지입니다. 공부 머리에서 게임 머리로 넘어가는 게 게임 머리에서 공부 머리로 옮기는 것보다 훨씬 수월할 거예요. 우리는 공부보다 게임을 더 좋아하니까요. 그렇다고 공부를 마치자마자 공부 머리를 비워내고 하하, 호호 웃으면서 게임에 몰입하지 않기를 바랍니다. 기껏 공부한 걸 다 날려버리면 아깝잖아요. 책을 덮었다면 5분 정도 공부한 내용을 되짚어보고 복습하는 시간을 가져봅시다. 공부한 내용을 돌아보면서 정리하면 학습했던 것들이 오래 기억에 남을 거예요. 어느 정도 정리가 되었다면 이제 공부와는 잠시 이별하고 게임에 빠져봅시다. 이렇게 하면 게임과 공부에 효율적으로 집중할 수 있습니다.

★ 공부한 내용 돌아보기

- 오늘 공부한 것을 요약하면 ○○○이다.

공부한 내용 중에 기억해야 할 중요한 개념은
□□□이다. 그렇게 생각하는 이유를 말해보자.

→ 이 개념이 다음에 이어지는 내용의 기반이 되기 때문이
  다.
→ 역사적으로 큰 의미를 갖는 내용이기 때문이다.
→ 여러 차례 반복됐기 때문이다.

내가 선생님이라면 어떤 문제를 시험에 낼까?
출제자의 마음으로 문제를 만들어보자.

계획한 만큼 충분한 양을 집중해서 공부했는가?
그렇게 하지 못했다면 원인은 무엇인가?

어떻게 하면 더 효율적으로 공부할 수 있을까?

나의 가치관과 행복이 우선입니다

교육 시스템을 바꿔야 할 때

1989년 개봉한 영화 〈행복은 성적순이 아니잖아요〉는 1986년 1월 "행복은 성적순이 아니잖아요."라는 한 줄의 유서를 남기고 자살한 O양의 실화를 소재로 한 것입니다. 30년 전과 지금은 얼마나 바뀌었을까요? 행복은 성적순이 아니라고 소리 없이 절규했던 O양은 혹시 다른 이름으로 우리 사회에 여전히 남아 있는 것은 아닐까요?

학생들이 공부로 받는 스트레스는 상상을 초월합니다. 언론은 학생이 받는 스트레스를 이렇게 꼬집었습니다. "우리나라 청소년들은 수면 부족에 시달리고 있으며, 행복한 정도를 국가별로 비교하면 OECD(경제협력개발기구)와 유럽 주요국 가운데 가장 낮은 것으로 나타났다. 통계개발원의 아동, 청소년 삶의 질 지표 분석 결과에 따르면 고등학생의 평균 수면 시간은 6.1시간이다. 학업 스트레스도 높아 33.8퍼센트가 죽고 싶다는 생각을 가끔 하거나 자주 한다고 응답했다. 그 원인으로 학업 문제가 37.2퍼센트로 가장 큰 비중을 차지한다.”(〈미디어펜〉, 2019.12.24)

통계청의 '2019 청소년 통계'에 따르면 11년째 청소년 사망 원인 1위는 자살이라고 합니다. 매해 초겨울 수학능력시험이 끝나면 성적을 비관한 학생들이 스스로 목숨을 끊었다는 뉴스를 접합니다. 힘들게 공부만 하다가 세상을 떠난 그들을 생각하면 가슴이 조여옵니다. 공부 그 자체는 가치중립적인 것이고 아무런 잘못이 없어요. 그런데 왜 모든 학생이 학업 스트레스로 고민하고 심지어 꽃다운 나이에 삶을 포기할 생각까지 하는 것일까요?

다들 짐작하겠지만 성적 등수대로 학생들을 일렬로 줄 세워 평가하는 교육 시스템 때문입니다. 기성세대는 우리의 시험 성적을 보고 어떤 사람일 것이라 마음대로 상상하고 판단합니다. 명절만 되면 어른들은 "공부 잘하니?, 반에서 몇 등 하니?"라고 물어보죠. 부모는 우리의 성적표를 보고 한숨을 쉬고요. 이렇게 사람을 힘들게 하는 시험이 초등학교, 중학교, 고등학교를 졸업할 때까지 반복됩니다. 이런 시스템에서 학업 스트레스를 안 받을 수 있는 사람은 일등밖에 없습니다. 아니, 일 등도 스트레스를 받습니다. 자칫 잘못하면 일 등의 자리를 내어줄지도 모르기 때문에 불안하죠. 성적이 나빠도 스트레스를 받고, 성적이 좋아도 스트레스를 받습니다. 시험과 평가 위주의 교육 시스템은 학생 모두의 마음을 아프고 병들게 합니다. 안 그래도 원하는 만큼 성적이 나오지 않아 마음이 상했는데 부모의 걱정 어린 시선까지 감내하려니 부담은 더 가중됩니다. 교육 시스템에 문제가 있다는 것은 누구나 인지하고 있지만 워낙 뿌리 깊게 자리 잡아서 어디서부터 어떻게 바꿔야 할지 감이 오지 않아요. 부모도 뭔가 잘못됐다고 생각하면서도 우리 자녀만은 현재 시스템에 적응해서 잘 헤쳐 나갔으면 좋겠다고 생각합니다. 모두가 힘을 합쳐 학생의 스트레스를 줄일 수 있는 교육 시스템을 논의하고 바꿔나가야 할 때입니다.

출신보다 개성을 중시하는 사회

희망은 있습니다. 십 년이 넘도록 공부해서 입학하기 원했던 명문 대학의 입지는 점점 줄어들고 있어요. 공무원 시험은 지원 자격이 없습니다. 누구나 시험을 잘 보면 합격할 수 있습니다. 어릴 때부터 공부 습관을 들여놓은 사람이 유리하겠지만 본인이 어떻게 하느냐에 따라 한판 역전승도 가능합니다. 공기업은 블라인드 채용을 도입했습니다. 이력서를 작성할 때 출신 학교를 추정할 수 있는 내용을 담으면 서류에서 탈락합니다. 종합사고능력을 확인하는 NCS(국가직무능력표준시험)와 전공 시험을 잘 보면 합격할 수 있어요. 사기업도 마찬가지입니다. 예전에는 졸업 학교 따라 합격의 당락이 좌지우지되었지만 이제 지원자의 나이는 물론 학벌도 보지 않습니다. 기업이 학력보다는 조직 적응력과 문제해결에 능한 직원이 더 낫다고 판단했기 때문입니다. 이런 추세는 앞으로 더 가속화될 것입니다.

EBS 다큐멘터리 〈시험 5부 – 누가 1등인가〉는 이에 대해 깊이 생각해볼 만한 화두를 던지는데요. 프로그램의 내용은 이렇습니다. 학창 시절 성적이 좋은 사람과 성적이 나쁜 사람 등 9명이 모입니다. 그들은 본명을 숨긴 채 같은 디자인의 옷을 입고 주어진 과제를 수행합니다. 대학교수, 기업의 인사 담당자 등 세 명의 평가자는 그들이 누구인지 사전 정보를 전혀 받지 못합니다. OECD에서 미래 사회가 요구하는 핵심역량으로 정의한 도구 사용 능력, 이질 집단과의 상호 작용, 자율적 행동 세 가지 기준으로 참가자들을 평가합니다. 프로그램의 말미에 세 명의 평가자는 9명의 참가자 중 가장 문제해결 능력이 뛰어나다고 생각한 참가자를 한 명씩 뽑습니다. 그들이 선택한 참가자 중에는 예술을 전공하는 학생도 있었고 수능 9등급도 있었습니다. 참가자 중 수능 만점자 두 명과 서울대학교 학생 한 명은 선택받지 못했습니다. 수능 만점자라고 해서 문제해결 능력이 반드시 우수한 것은 아니었습니다. 평가자들은 이렇게 인터뷰합니다. "학생을 훌륭하다고 평가할 수 있는 기준이 뭘까?" "하나의 기준이 아니라 다양한 기준과 방식들을 통해 평가하는 게 바람직하겠다." "어떻게 평가하고 키우느냐가 중요하지 성적에 얽매일 필요가 없다는 믿음을 갖게 됐다."

 오늘의 득템

1부, **시험은 어떻게 우리를 지배하는가** : 인도, 중국, 프랑스, 독일의 시험 제도를 소개합니다.

2부, **시험은 기술이다** : 시험을 잘 보기 위해서는 실력 이외에도 컨디션 관리, 성격, 가정환경이 중요하다고 말합니다.

3부, **나는 대한민국 고3입니다** : 수학능력시험을 준비하는 고등학교 3학년 학생의 고민, 갈등, 성취, 노력을 그립니다.

4부, **서울대 A+의 조건** : 좋은 학점을 받기 위해서 자신의 생각보다 교수의 생각에 맞춰 답안지를 작성하는 학생들의 모습을 보여줍니다.

5부, **누가 1등인가** : 학업 성적과 문제해결 능력이 어떤 상관관계를 가지는지 실험으로 알아봅니다.

6부, **공무원의 탄생** : 공무원이 되기 위해 오늘도 노량진에서 공부하는 청춘들의 일상을 담았습니다.

그렇다고 공부를 소홀히 해도 된다는 의미는 아니에요. 좋은 성적을 받아 명문 대학에 가면 상대적으로 다양한 기회를 접할 확률이 높아지고, 한 분야의 대가를 만나 그들의 강의를 직접 들을 수도 있습니다. 그러나 앞에서 말했듯이 공부의 참된 목적은 시험 점수를 잘 받는 것을 넘어 무언가를 골똘히 생각하는 비판적인 사고의 힘을 기르는 것이겠죠. 미래사회가 요구하는 문제해결 능력은 다양한 경험과 사고를 토대로 새로운 생각을 제시하고 이를 실행하면서 길러집니다.

나에게 도움이 되는 찐 공부

우리가 그렇게 열렬히 바라는 전교 일 등, 명문 대학 졸업장은 예전보다 가치가 떨어지고 있다는 것을 알았으면 좋겠습니다. 대기업 연구소에 종사하면서 십 년 가까이 일을 하고 있지만 동료가 어느 학교를 졸업했는지 제대로 알지도 못하고, 물어보지도 않아요. 학벌에 대한 편견도 없습니다. 누구에게나 동등하게 기회가 주어지고, 그 사람이 이루어내는 과정과 결과물만 평가합니다. "당신이 다니는 회사만 그런 분위기이지 다른 회사는 그렇지 않습니다. 성급한 일반화의 오류가 아닙니까?"라고 물어볼 수도 있겠네요. 물론 기

엄마다, 부서마다, 구성원에 따라 분위기는 천차만별이겠지만 동시대를 살아가는 사람들의 이야기를 종합해보면 다들 저와 비슷하게 느끼는 것 같아요. 우리 사회의 학벌 중심 구조는 점점 철폐되리라 생각합니다. 좋은 대학을 나왔다는 이점은 점점 희미해질 거고요. 불과 십 년 전과 비교해도 확연히 달라지고 있습니다. 이전에는 후배가 어느 대학을 나왔는지 궁금했다면 이제는 후배가 어떤 성향의 사람인지가 더 궁금해요.

저의 경험담이 여러분의 학업 스트레스를 조금이나마 덜어내는 데 도움이 되었으면 좋겠습니다. 어차피 해야 할 공부라면 조금이라도 기분 좋게, 즐겁게, 재미있게 했으면 좋겠어요. 그리고 당장의 성적에 일희일비하지 않고 조금 더 넓은 관점으로, 고등학교가 아니라 대학교, 대학교가 아니라 대학 졸업 후를 생각하며 큼직큼직하게 공부에 임하면 더할 나위가 없겠습니다. 공식 하나 외워서 문제를 푸는 데 급급하지 않고, 어떻게 이 공식이 나오게 되었는지를 더 궁금해 했으면 좋겠습니다. 단순 암기 위주로 하는 공부는 파도가 모래를 밀어내듯 시간이 지나면 기억에서 사라집니다. 원리를 이해하고 내 것으로 만드는 공부는 오래 갈 뿐 아니라 잊어버려도 금방 다시 떠올릴 수 있습니다. 어떻게 공부하는 게 나에게 도움이 되는 공부이며, 행복한 공부인지 고민하는 시간을 가져봅시다.

게임하듯 공부하기

게임 성적으로 우리를 평가하는 날이 온다면!

국어, 영어, 수학처럼 게임이 정규 교과목 중에 하나라면 어떨까 하는 상상을 한 적이 있습니다. 게임 과목 성적이 좋으면 부모에게 칭찬을 받고 대학을 입학할 때는 혜택을 받습니다. 그럼 눈치 보지 않고 집에서 마음대로 게임을 할 수 있고 친구와 PC방에 가면서 시험공부를 하러 간다고 당당하게 말할 수 있을 텐데요. 생각만으로 입가에 미소가 번지고 하루하루가 즐거울 것 같습니다.

'꿈은 이루어진다.'고 하지만 상상이 현실로 이루어질 가능성은 없어 보입니다. 설령 게임이 정규 과목으로 채택된다고 해도 꿈에 그렸던 일은 벌어지지 않을 것 같네요. 게임이 즐거운 놀이에서 좋은 성적을 받아야 하는 부담스러운 활동으로 변하게 될 겁니다. 학원가는 게임을 배우려는 학생들로 문전성시를 이룰 것이고, 부모는 우리가 게임을 제대로 하는지 안 하는지 감독하겠죠. 부모의 기대를 충족시키지 못하면 게임 좋아한다면서 왜 이렇게 성적이 나쁘냐고 핀잔을 들을지도 모릅니다. 우리는 곧 게임을 멀리하게 될 겁니다. 아무래도 게임은 지금처럼 게임으로 남겨두는 게 낫겠습니다. 우리의 유일한 즐거움 중 하나를 학교 교과목으로 뺏길 수는 없습니다. 공상은 이쯤에서 접고 게임을 지금처럼 즐겁고 신나는 취미 활동으로 보관합시다.

어떤 현상을 살펴볼 때 반대로 바꿔서 생각해보면 새로운 측면을 볼 수 있는 경우가 있습니다. 예를 들어 화장은 여자만 하는 것으로 생각하기 쉽지만 요즘엔 남자도 화장을 합니다. 스킨이나 로션은 물론 BB크림에 파운데이션까지 사용하는 남성도 있습니다. 글로벌

친구와 게임을 즐기는 행복한 시간

시장 조사기관 유로모니터에 따르면 중국 남성 화장품 시장은 매년 성장해 2023년에는 약 3조 4,000억 원을 돌파할 것으로 전망된다고 합니다. 프랑스 럭셔리 브랜드 '지방시 뷰티'는 2019년 9월부터 가수 강다니엘을 브랜드 공식 모델로 발탁했어요. 제품 홍보 화보에서 강다니엘은 붉은 입술에 립스틱을 가져다 댄 포즈를 취했습니다(《중앙일보》, '빨간 립스틱 남자 아이돌, 메이크업 광고 점령하다', 2020.08.25). 우리가 미처 알지 못한 사이에 세계 화장품 시장은 이미 남성을 대상으로 활발하게 움직이고 있습니다. 시간이 지나면 소개팅, 미팅에서 화장을 하고 나오는 남자를 보게 될지도 모릅니다.

공부를 게임처럼 즐기는 방법

서두에서 게임을 공부에 대입하여 게임이 정규 교과목이 된 세상을 상상해봤는데요. 거꾸로 공부를 게임에 대입하면 어떻게 될까요? 공부를 게임처럼 할 수 있다면 정말 신날 것 같습니다. 게임하듯 공부하며 성적도 쑥쑥 오르는 공부는 할 때마다 재미있을 거고요. 이것도 생각만 해도 즐겁습니다. 게임하듯이 공부할 수 있으면 얼마나 좋을까요?

그런데 놀랍게도 우리는 벌써 공부를 게임처럼 하는 방법을 알고 있습니다. 언제 배웠냐고요? 2장에서 게임의 고수가 되는 방법을 읽었잖아요. 다시 한 번 내용을 요약해보겠습니다.

① 어떤 게임을 좋아하는지 알기
② 시작했으면 게임에 온전히 집중하기
③ 생각하면서 게임하기
④ 게임이 끝나면 더 나은 플레이는 없는지 되돌아보기
⑤ 나보다 잘하는 사람을 찾고 그 사람의 플레이를 따라 하기

왜 게임의 고수가 되는 방법을 다시 이야기했냐고요? 게임을 공부로 바꾸어보려고 합니다.

① 어떤 과목을 좋아하는지 알기
② 시작했으면 공부에 온전히 집중하기
③ 생각하면서 공부하기
④ 공부를 마치면 더 나은 공부 방법은 없는지 되돌아보기
⑤ 나보다 잘하는 사람을 찾고 그 사람의 공부 방식을 따라 하기

우리가 알고 있는 공부 잘하는 방법이죠? 다섯 가지 방법을 좀 더 자세하게 풀어봅시다. 내가 잘하는 부분과 부족한 부분을 정확

히 이해하고, 부족한 부분에 시간을 더 투자합니다. 공부하는 시간에는 공부에만 집중합니다. 공부를 할 때는 머리를 빠르게 굴리면서 개념을 이해하려고 노력합니다. 공부를 하면서 잘못된 부분은 없는지, 나에게 더 잘 맞는 학습 방법은 없는지 새로운 방식을 시도하고 궁리하면서 시행착오를 거듭합니다. 공부를 잘하는 친구에게 모르는 것을 물어보고 그의 공부 방법을 흡수합니다. ①에서 ⑤까지 반복하면 게임의 달인이 되듯이 공부의 달인이 될 수 있지 않을까요?

물론 방법을 알았다고 해서 당장 공부를 게임처럼 할 수는 없겠죠. 게임을 받아들이는 마음과 공부를 받아들이는 마음이 같을 수 없으니까요. 강조하고 싶은 점은 어떤 일을 하든지 능숙해지기 위한 방법은 분야를 막론하고 다 비슷하다는 것입니다. 관심과 흥미를 갖고 그 일에 전념하면서 나보다 뛰어난 사람의 방식을 훔쳐 나에게 맞게 적용하면 되겠죠. 게임을 좋아하듯 공부를 좋아하고 게임을 하듯 공부를 하면 누구나 공부의 고수가 될 수 있습니다. 벌써 불가능하다고 생각하고 고개를 절레절레 흔들고 있나요? 아니에요. 이 책을 손에 잡고 펼친 순간부터 이미 변화는 시작되었습니다. 마음속에서 '그래, 한번 해보자.'는 속삭임이 들릴 것입니다. 마음의 이야기에 귀를 기울이고 몸을 움직여볼까요? 분명 한 걸음씩 나아가는 모습을 볼 수 있을 겁니다. 중요한 것은 대상을 받아들이는 우리의 태도이고 변화하고자 하는 의지입니다.

게이머를 위한 아포리즘

게임할 때는 게임에 집중하고 공부할 때는 공부에 집중하라.

반대로 하지 않도록 주의하라.

물리적, 정신적으로 게임하는 공간과 공부하는 공간을

철저하게 분리하라.

게임을 끝냈으면 공부에 전념할 수 있도록 몸과 마음의 준비운동을 하라.

게임과 공부는 반대말이 아니다. 스트레스를 해소하고 공부에 몰입하기

위해 게임을 활용하라.

공부를 잘하는 방법은 게임을 잘하는 방법과 똑같다.

좋아하는 과목과 부족한 과목을 파악하라.

온전히 집중하고, 생각하면서 하라.

공부를 마친 후 되돌아봐라.

나보다 잘하는 사람의 방식을 따라 하라.

4장
부모를 게임 지원군으로 만드는 마법

식사 시간만큼은 부모에게 양보하라

밥과 게임

"밥은 먹었나?, 별일 없제?"

"네, 별일 없죠. 부모님은 식사하셨어요?"

타지에서 사회생활을 시작하고 십 년이 지나도 부모님과 통화할 때는 항상 이렇게 이야기가 시작됩니다. 서로의 용건을 말하기 전에 첫인사로 '밥을 먹었는지' 확인하지요. 사실 밥을 먹었는지 안 먹었는지는 별로 중요하지 않습니다. 이 말은 매끄러운 대화의 시작을 위한 도입부인 동시에 오랜 전통 인사법 같은 것이니까요. 어떻게 보면 밥을 먹었냐는 질문은 서로가 다음 대화를 이어나갈 정도로 가까운 사이라는 것을 의미합니다. 어색한 사이라면 가볍게 눈인사만 주고받고 맙니다. 밥을 먹었냐고 묻지는 않죠.

부모님께서 제가 밥을 먹었는지 안 먹었는지 확인하는 데는 나름의 이유가 있습니다. 부모님께서 태어나고 청년기를 보냈던 1950, 1960년대는 제대로 먹는 것 자체가 힘든 시절이었습니다. 의식주, 그야말로 입고, 먹고, 자는 것만 충족해도 만족할 수 있는 시기였습니다. 가족이 제대로 밥을 챙겨 먹었는지를 확인하는 건 진심으로 건강을 염려한 일이었습니다. 조금 더 이전, 조선 시대에는 먹는 일에 사활이 걸려 있었죠. 노비는 먹고 재워주기만 하면 대감 댁에서 노동을 제공했습니다. 자린고비라는 말도 있어요. 밥 한 숟갈 먹고, 천장에 매달려 있는 조기를 한 번 쳐다보고, 또 밥 한 숟갈 먹었다는 일화입니다. 그만큼 고기반찬이 귀했던 거죠. 하지만 요즘에는 특별한 경우가 아니라면 먹는 것 때문에 어려움을 겪지 않습니다. 오히려 먹을 게 너무 많아서 비만을 염려해야 하는 시대가 됐어요.

장황하게, 무려 조선 시대까지 거슬러 올라가서 밥의 의미를 고찰한 것은 우리가 게임하면서 맞닥뜨리게 되는 부모와의 마찰이 대개 밥으로 시작되는 경우가 많기 때문입니다.

"철수야 밥 먹어라."

"엄마, 이거 거의 다 끝나가. 조금만 있다가 먹을게."

"지금 안 먹으면 다 식어. 얼른 먹고 하면 되잖아?"

"금방 끝나. 엄마 먼저 먹어."

"야, 너는 밥도 안 먹고 게임만 할래? 얼른 안 와?"

"금방 끝난다니까!"

게임에 빠져본 사람이라면 누구나 수긍하는 상황이죠. 우리는 밥 조금 늦게 먹는다고 해서 뭐가 문제냐고 생각합니다. 게임에 한창 집중하고 있는데, 중간에 게임을 끊고 나오는 것은 화장실에서 볼 일 보다가 나오는 것처럼 어렵다는 것을 부모님은 왜 몰라줄까요. 심하게 말해서 한 끼 정도 거른다고 한들 건강에 이상이 생기는 것도 아닌데 왜 그렇게 호들갑일까요. 부모의 꾸지람에 못 이겨 식탁에 앉으면 입맛도 없고 음식이 제대로 넘어가지도 않습니다.

즐겁게 게임하려면 식사 시간을 피하자

제가 10대에 한창 게임에 빠져있을 때는 게임하느라 밥을 늦게 먹거나 거르는 건 예삿일이었습니다. 밥 한 끼 배부르게 먹는 것보다 게임에서 이기는 게 더 중요했고 고수들과 한 판 붙는 게 더 의미 있는 일이었습니다. 그런 저도 철없는 10대를 지나 결혼하고 자녀가 생기니 다른 관점에서 밥을 의미를 들여다보게 되더라고요.

부모가 자녀를 배부르게 먹이는 건 의무이자 본능인 것 같습니다. 저의 딸은 이제 다섯 살인데, 1일 차 아기일 때부터 모유를 어떻게, 얼마나 먹느냐에 따라 그날 가정의 분위기가 달라졌습니다. 모유, 이유식, 밥으로 단계를 넘어가면서 매일같이 아이가 잘 먹고 건강하면 좋겠다고 생각했습니다. 밥을 잘 안 먹는 날에는 어디 불편한 데가 있는지 살피게 되고 잘 먹는 날에는 매우 뿌듯했어요. 자녀를 키우면서 먹는 것만 봐도 배부르다는 말의 의미를 이해하게 되었습니다. 자녀가 음식을 맛있게 먹으면 그렇게 기분이 좋아요. 정말로 먹는 것만 봐도 배가 부릅니다.

10대는 소년에서 청년이 되어가는 시기입니다. 우리는 애매한 위치에 서 있죠. 어른이고 싶은데 어른은 아니고 독립하고 싶은데 독립은 할 수 없는 입장입니다. 부모도 마찬가지예요. 자녀가 성장하긴 성장했는데 미성년자이니 챙겨야겠고, 그렇다고 애도 아니니 어떻게 대해야 할지 아리송한 상황입니다. 우리가 자립심을 점점 키우는 것처럼 부모는 자녀를 서서히 놓아줄 준비를 하는 시기이기도 합니다. 그렇지만 아직 부모는 우리를 경제적으로, 정신적으로 품고 있습니다. 여전히 자녀에게 밥을 제때 먹여야겠다는 본능과 습관을 유지하고 있죠. 오늘 저녁 식사는 어떤 메뉴를 준비할지, 어떻게 먹여야 건강에 좋을지 항상 고민합니다. 우리가 태어난 기쁨으로 목청껏 울던 1일 차 신생아일 때부터 지금까지 해오던 일이니까요. 이러다 보니 자녀가 특별한 일 없이 밥을 먹지 않아도 속상한데 게임 때문에 밥을 안 먹는다고 생각하니 울화통이 터집니다. 게임을 하는 자녀의 모습이 예뻐 보일 리가 없겠죠. 착한 우리 아이가 게임 때문에 밥을 제때 안 먹는다고 생각하니 게임이 미워집니다. 우리는 밥을 조금 늦게 먹었을 뿐이지만 부모가 느끼는 서운한 감정은 상상 이상입니다.

우리가 자유롭고 즐겁게 나만의 시간을 확보하고 게임을 즐기기위해서는 부모가 게임에 대해 갖고 있는 부정적인 시선을 거두어낼 필요가 있습니다. 시작은 밥을 제때 먹는 것으로부터입니다. 굳이 게임을 하느라 밥을 먹는 타이밍을 놓쳐서 부모에게 부정적인 게임의 이미지를 심어줄 필요는 없습니다.

그럼 어떻게 해야 할까요? 게임을 하고 있는 중간에 갑자기 게임을 끝내고 식탁에 앉을 수는 없습니다. 게임을 하는 도중 부모의 말 한 마디에 게임을 종료할 수 있다면 도를 닦는 선인의 경지에 올라섰다는 뜻입니다. 불가능해요. 가족의 식사 시간에 맞춰 밥을 먹으려면 식사 시간 30분 이전에는 게임을 멈춰야 합니다. 한 게임에 한 시간이 넘게 걸릴 수도 있다면 식사 한 시간 전에는 게임을 하지 않는 게 좋아요.

식사 시간과 게임 시간이 겹치지 않도록 관리해서 부모님이 게임을 싫어하지 않도록 만들어야 합니다. 게임 시간을 설정할 때는 반드시 식사 시간을 고려합시다. 글을 쓰다 보니 못난 지난날이 떠올라서 얼굴이 화끈거리네요. 이 자리를 빌려서 부모님께 사과드리며 마무리해야겠습니다.

"아버지, 어머니. 그때 밥 잘 안 먹어서 정말 죄송합니다."

식탁은 부모와 자녀가 대화하는 공간이다

밥은 관심입니다

고대 그리스 철학자 에피쿠로스(Epicurus, 기원전 341년 사모스~기원전 271년 아테네)는 "함께 먹고 있는 사람을 바라봐야지, 먹고 있는 것을 바라봐서는 안 된다."라고 말했고, 미국 배우 조프리 네이어는 "좋은 음식은 좋은 대화로 끝이 난다."고 말했습니다. 밥을 같이 먹는다는 것은 단순히 밥을 먹는 행위 이상의 의미가 담겨 있죠. "영희 씨 우리 내일 저녁 같이 먹을래요?"라는 질문에는 단순히 밥만 먹자는 뜻이 아니라 상대에게 관심을 표현하는 의사이자 '당신과 대화를 나누고 가까워지고 싶습니다.'가 내포되어 있습니다. 우리도 누군가와 밥을 먹는다고 하면 식당에 가서 음식만 먹으러 가는 게 아니라는 것을 압니다. 같은 반의 어떤 친구가 다른 이성 친구와 저

오늘의 득템

고대 그리스의 철학자이자 에피쿠로스 학파(Epicurianism)라 불리는
학파의 창시자입니다. 에피쿠로스에게 철학의 목적은 행복하고 평온
한 삶을 얻는데 있었는데요. 그가 말하는 행복하고 평온한 삶은 평정
(ataraxia), 평화, 공포로부터의 자유, 무통(無痛, aponia)의 특징이 있
습니다.

녁을 함께 먹었다면 필히 썸을 타고 있을 가능성이 큽니다.

다른 사람과 밥을 함께 먹는 것은 그 사람과 같은 공간에서 같은
시간을 공유하는 일입니다. 왁자지껄한 기사 식당보다 조용한 레스
토랑의 음식 값이 더 비싼 것은 좋은 재료를 사용하는 탓도 있지만
서로에게 온전히 집중할 수 있는 고급스러운 환경을 제공해주기 때
문이에요. 밥 한 숟갈에 눈빛을 교환하고 반찬 한 젓가락에 온기를
나눕니다. 기사 식당에서 이런 분위기를 조성할 수는 없겠죠.

부모가 정성스럽게 차려준 밥을 제때 먹는 것도 밥을 먹는 행위
이상의 의미가 담깁니다. 학교와 학원을 다녀온 뒤 집에서는 예습,
복습, 시험공부, 선행학습, 과제에 치여서 사는 우리와 부모가 마음
을 터놓고 마주볼 수 있는 시간은 별로 없습니다. 사춘기에 접어들
면서 부모의 눈을 바라보며 이야기하는 것도 왠지 모르게 어색해
지고 집에 돌아오면 방문을 닫고 혼자만의 시간을 보내고 싶어집니

다. 부모도 우리가 공부하느라 힘든 시간을 보내고 있다는 것을 잘 알고 있어요. 굳게 닫힌 방문을 열기가 상당히 조심스럽습니다. 쉬고 있는데 괜히 방해가 되는 것은 아닐까 고민하죠. 여담이지만 가능하면 방문은 활짝 열어두고 부모가 나의 공간으로 들어오는 것을 허락하면 좋겠습니다.

사랑이 싹트는 밥상머리 수다

하루를 통틀어 10분 이상 부모와 한 자리에서 이야기할 시간이 얼마나 될까요? 식사 시간은 서로가 모여 그날 있었던 이야기를 A부터 Z까지 나눌 수 있는 유일한 시간입니다. 아침 식사 시간에는 깨어난 지 얼마 되지 않아 비몽사몽입니다. 맨 정신으로 대화하기는 힘들죠. 이때는 보통 먹는 행위 자체에 집중합니다. 조용한 식탁 위는 숟가락, 젓가락이 오가는 소리, 음식 씹는 소리만 들릴 겁니다. 점심은 보통 학교에서 해결하고, 저녁은 집에서 먹는 경우가 많을 거예요. 하루 중 저녁 식사 시간만큼은 부모와 함께 그날 있었던 일을 공유해보면 어떨까요? 빨리 게임을 하기 위해 무언가에 쫓기듯이 밥을 먹는 행위에만 신경 쓰지 말고 가벼운 농담 한마디라도 던지면서 대화하며 식사하면 좋겠습니다. 주말에는 자유 시간이 많아지는 만큼 아침, 점심 식사 시간에도 가족과 대화를 시도해봅시다.

식사 시간을 가족과 함께 보내는 것은 배를 채우는 이상의 의미가 있습니다. 특히 부모에게는 더 그렇습니다. 부모는 밥을 매개체로 자녀와 같은 시간을 보내고 싶어 합니다. 대화의 주제가 공부로 시작해서 공부로 끝나는 경우가 많아 밥을 먹다 자칫 스트레스를 함께 먹을지도 모르겠네요. 그런 것까지 참으면서 대화하라는 것은 아닙니다. 밥 먹을 때만큼은 공부 이야기를 줄이고 편한 주제로 이야기하면 좋겠다고 말씀드립시다. 강조하고 싶은 것은 식사 시간만이라도 우리와 함께 하고 대화하고 싶은 부모의 마음을 받아주라는 것입니다.

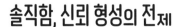

솔직함, 신뢰 형성의 전제

가면을 쓰기 시작하는 10대

우리는 모두 저마다의 가면을 쓰고 삽니다. 기분이 나빠도 웃을 줄 알아야 하고, 기분이 좋아도 내색하지 않을 줄 알아야 합니다. 직장인들은 아침에 일어나서 가면을 쓰고 출근합니다. 가정에서의 나와는 또 다른 나를 회사 안에서 마주하죠. 상사의 불합리한 지시도 허허실실 넘겨야 하고, 가기 싫은 회식도 참석해야 합니다. 솔직하게 내 생각을 있는 그대로 표현하면 미움을 받기 십상이에요. 조직에 적응하지 못한다는 이미지를 심어줄 수 있고, 이것이 평가를 받을 때 불리한 점으로 작용할 수 있습니다. 돈이라는 보상을 받고 일을 하는 프로이기 때문에 일부 감내해야 하는 것일지도 모르겠습니다. 그러나 가면을 쓴 나와 진짜 나의 부조화가 심하면 극심한 스트레스를 받습니다. 우울증으로 정신과 상담을 받는 사람도 있고, 참지 못해 사표를 내는 사람도 있습니다.

우리는 마음을 허물없이 터놓고 솔직하게 말하기 어려운 민족인가 봐요. 속마음을 내놓을 수 있는 사람은 손에 꼽을 정도입니다. 서양인은 처음 보는 사람이라도 자신의 의견을 거침없이 있는 그대로 표현하는데 말이죠. 그들은 서로 자기가 하고 싶은 말을 하기 위해 안달이 난 것처럼 스스럼없이 말합니다. 그러나 우리는 자라면서 자신의 의견을 솔직하고 당당하게 말하는 것을 실례라고 배웁니다. 상대방에게 상처를 줄 수 있기 때문인데요. 어른이 하는 말은 잘못이더라도 고개를 끄덕이고 친구가 기분 나쁜 말을 해도 참고 넘깁니다. 상대에게 상처주지 않기 위해 내가 상처받는 것을 견딥니다.

"나이 많은 사람의 말은 옳고 그름을 떠나 일단 들어야 한다." "손윗사람에게 말대답하면 안 된다." "겸손해야 한다." "남에게 폐를 끼치면 안 된다." 등등 유교 문화가 본격적으로 주입되는 시기가 10대입니다.

10살 미만 어린이들은 거침이 없습니다. 배고프면 배고프다고 울고, 마트에서 좋아하는 로봇 장난감을 발견하면 사달라고 떼를 씁니다. 먹기 싫은 음식이 있으면 부모에게 맛없다고 말하고 얼른 자기가 좋아하는 반찬을 내놓으라고 합니다. 모든 일을 자기중심적으로 생각하고 자기가 하고 싶은 대로 하려고 하죠. 그러나 10대에 들어서면서 어느 순간 남의 눈치를 살피고 부모의 눈치를 살피게 됩니다. 내가 하는 행동으로 남이 피해를 보지는 않는지 주변을 힐끔힐끔 둘러보고요. 내가 좋아하는 일보다 남이 좋아하는 일을 하나씩 하게 되죠. 공부를 하는 이유가 나를 위해서인지 부모를 위해서인지 헷갈리기 시작합니다. 우리는 그렇게 어른이 될 준비를 합니다. 좋게 말하면 주변 사람들과 어우러지기 위한 사회성을 기르는 것이지만 나쁘게 말하면 내 생각을 스스로 억압하여 마음에 벽을 쌓고 있는 것입니다.

내 마음을 부모에게 있는 그대로 표현하기

내 마음 하나 솔직하게 말하기 어려운 세상이지만 가족, 특히 부모에게는 솔직했으면 좋겠습니다. 우리가 친한 친구에게 속내를 드러내듯이 평생을 볼 부모에게는 있는 그대로 말했으면 좋겠어요. 부모만큼 나와 밀접하게 연관돼 있는 사람은 없습니다. 어쩌면 너무 가까이 붙어 있기 때문에 불편한 건지도 모르겠어요. 서로가 편한 정도의 적당한 거리에서 관계를 유지하면 더 나을 수도 있습니다. 그러나 그만큼 가까운 사이이기 때문에 바로 옆에 꼭 붙어 있는 거예요. 우리가 독립하기 전에는 좋든 싫든 부모와 매일매일 얼굴을 맞대야 합니다. 항상 서로를 바라보고 함께 밥을 먹는 사람에게도 솔직하지 못한다면 누구에게 솔직할 수 있을까요?

게임을 하고 싶으면 게임을 하고 싶다고 당당하게 표현해봅시다. 아무 말도 하지 않고 오랜 시간 게임하다가 부모에게 혼이 나면 "아, 한 판만 할게" "아, 좀 내버려 두면 안 돼?"라고 투정하듯 말하지 말고 진지하게 말해야 합니다. 이를테면 같이 밥을 먹을 때, "내일은 친구들이랑 PC방에서 스트레스를 풀기로 했어요." "시험이 끝났으니 이번 주는 제가 하고 싶은 만큼 게임할 수 있게 허락해주세요." "나는 게임하는 게 좋아요. 게임하는 저를 너무 나무라지 마세요."라고 이야기해봅시다. 생각을 정돈해서 의견을 말하는 건 어려운 일이다. 부모라는 커다란 산을 앞에 두고 입을 열기가 겁날 수도 있고요. 그러나 솔직하게 말하지 않으면 나와 부모의 관계는 아무것도 변하지 않습니다. 늘 게임하다 혼나고, 분풀이하고, 푸념하고, 서로 기분만 상하는 상황에서 벗어나야 합니다. 기분 좋게 게임하고, 눈치 보지 않고 게임하기 위해서는 내 마음을 부모에게 솔직하게 표현해야 합니다.

우리나라를 대표하는 요리사 에드워드 권은 『10대, 우리들의 별을 만나다』에서 학생들에게 당부합니다. "게임을 하고 싶으면 당당하게 게임을 하겠다고 말해라. 대신에 부모가 원하는 것도 들어주고 협상할 줄 알아야 한다." 에드워드 권의 조언처럼 솔직해야 당당할 수 있고, 당당해야 부모를 위축시키고 원하는 것을 쟁취할 수 있습니다. 용기를 내서 솔직한 마음을 부모에게 전달하는 연습을 해봅시다.

게임 시간을 정하고 새끼손가락을 걸어라

게임 시간은 내가 정한다

게임할 때 공부 생각을 하고, 공부할 때는 게임 생각하는 걸 피해야 합니다. 게임을 할 때는 게임에 집중하고, 공부를 할 때는 공부에 집중해야 합니다. 우리는 대부분 반대로 행동합니다. 게임을 할 때는 부모가 언제 그만하라고 할지 신경 쓰고 전전긍긍하면서 게임을 합니다. 공부를 할 때는 집중을 안 하고 딴생각을 하고요. 책을 펼쳐도 공부할 생각이 없으니 금방 눈꺼풀이 무거워집니다.

게임을 할 때는 게임에 집중하고, 공부를 할 때는 공부에 집중하라는 말은 이상적인 말처럼 느껴집니다. 누구나 알고 있지만 말처럼 쉽게 행동하기 어려운 이유는 부모와 나의 게임 시간에 대해 합의가 되지 않았거나 경계가 모호하기 때문입니다. 게임 시간에 대해 명확하게 협의가 되었다면 떳떳하게 게임을 할 수 있습니다. 예를 들자면 저녁을 먹고 오후 10시까지는 마음대로 아무거나 할 수 있는 시간이라고 정했다면 그 시간 동안만큼은 게임을 하면서 눈치를 볼 필요가 없겠죠. 그러나 우리는 게임을 얼마나 할지 스스로 정하지 못합니다. 시간을 정하지 않고 게임하기 때문에 부모의 동향을 살피게 됩니다. 얼마나 하는 게 많이 하는 것인지, 괜찮은 것인지 애매하고 그날그날 다르기도 합니다. 부모의 컨디션은 날마다 일정하지 않습니다. 기분이 좋은 날도 있겠지만 어떨 때는 회사에서 상사에게 꾸중을 듣고 퇴근했을 수도 있습니다. 부모도 사람이기 때문에 컨디션이 좋을 때는 상대방이 무엇을 해도 받아들이지만 기분이 나쁠 때는 같은 행동을 해도 이해하지 못하고 짜증을 냅니다. 기준이 불분명하니 우리도 당황스럽기는 마찬가지고요.

에드워드 권이 충고했듯이 우리는 게임을 얼마나 할지 스스로 정하고 부모와 협상해야 합니다. 죄책감을 느끼지 않고 게임을 마음껏 즐기기 위해서입니다. 마음 같아서는 하루 종일 게임을 하고 싶겠지만 부모가 허락할 리 없습니다. 부모가 하루에 10분만 게임하라고 하면 받아들일 수 있을까요? 내가 바라는 게임 시간과 부모가 허락하는 게임 시간의 차이를 좁혀야 합니다. 중요한 것은 게임 시간을 내가 주도적으로 결정해서 부모에게 제안해야 한다는 점인데요. 일반적으로 가정에서 게임 시간은 부모가 통제하는 경우가 많습니다. 부모는 게임 시간에 구두쇠처럼 야박합니다. 자녀가 게임하는 것을 좋아하는 부모는 없어요. 기껏해야 하루에 한 시간 정도 허락할 겁니다.

부모의 뜻을 거스를 수 없어서 부모의 말에 동의했다고 가정해볼까요? 한 시간은 아주 짧게 느껴질 겁니다. 스스로 정한 게임 시간이 아니기 때문입니다. 부모가 정해놓은 시간을 원망한 상태에서는 즐겁게 게임을 할 수도 없어요. 조금만 하다 보면 금방 30분이 지나고 40분, 50분, 한 시간이 됩니다. 게임을 끄기 어려워 5분만 더 하겠다고 하다가 부모와 실랑이가 벌어집니다. 조금만 더 하겠다고 보채는 나와 정해진 시간을 못 지켰다고 생각하는 부모의 씨름은 장기전이 됩니다. 그러나 결국 부모의 승리로 끝나는 경우가 많습니다. '한 시간만 하는 데' 적극적으로 동의하지는 않았지만 마지못해 '수긍'했기 때문입니다. "너, 한 시간만 하기로 약속했잖아. 그런데 왜 약속을 안 지키고 또 거짓말을 해?"라는 말 한마디에 우리는 울며 겨자 먹기로 컴퓨터를 끌 수밖에 없습니다.

게임 시간이 부족하다면, 오랫동안 게임을 실컷 하고 싶다면, 의연하게 이야기해야 해요. 평일에는 두 시간, 주말에는 서너 시간 동안 게임을 하겠다고 말해야 합니다. 말하지 않으면 부모는 우리의 마음을 정확하게 모릅니다. 그리고 부모와 적정 게임 시간에 대해 상의합시다.

서로의 시각 차이를 좁히는 과정은 굉장히 힘듭니다. 각자 생각과 기준이 다르기 때문입니다. 인내를 갖고 합의점을 찾아내야 해요. 그리고 원하는 게임 시간을 쟁취했다면 약속을 반드시 지켜야 합니다. 매번 지각하는 사람은 항상 지각하고, 숙제를 안 하는 사람은 항상 숙제를 안 하죠? 약속을 지키지 않는 것이 습관이 되었기 때문입니다. 지킬 수 없는 게임 시간이라면 부모에게 서둘러 말해야 합니다. 약속을 지키지 못하고 난 이후에 말을 한들 변명밖에 되지 않으니까요. 원하는 만큼 게임을 했다면, 게임을 종료한 뒤에는 빨리 게임 세계를 잊는 연습도 병행합시다.

만약 세 시간 동안 게임을 하기로 부모와 약속을 했는데 지키지 않으면 어떻게 될까요? 한 번, 두 번은 괜찮을지도 모릅니다. 그러나 약속을 어기는 것이 반복되면 부모는 더 이상 우리를 믿지 않게 됩니다. 다시 게임 시간을 줄이려고 할 거예요. 어차피 약속을 정해도 정해진 시간보다 게임을 더 할 거라고 생각하기 때문입니다. 그러면 우리는 거부감을 느끼게 되고 다시 불편한 마음으로 게임을 해야 합니다. 부모는 정해진 시간이 될 때까지 시계를 쳐다보고 게임 종료 시간이 되면 칼같이 방으로 와서 귀에 대고 시간을 알려줄 겁니다. 이솝우화에서 양치기 소년은 늑대가 양을 잡아먹는다고 다급하게 외쳤지만 마을 사람들은 귀담아듣지 않았었죠. 왜일까요? 두 번이나 같은 거짓말을 했기 때문입니다.

게임 시간 통제는 게임을 더 많이 할 수 있는 지름길

스스로 게임 시간을 설정하고 이를 지키는 것은 놀랍도록 굉장한 일입니다. 자신이 얼마나 게임을 하면 만족할 수 있을지 나에 대해서 고민했을 것이고, 부모는 어느 정도면 허용할지 상대의 입장에서도 생각했을 겁니다. 용기를 내서 부모에게 내 마음을 이야기하고 게임 시간을 협상하는 과정을 통해 상대방의 말을 경청하고 내가 하고 싶은 말을 표현하는 방법도 자연스럽게 익히게 됩니다. 게임 시간을 정하는 일은 사소한 것처럼 보이지만 생각, 고민, 용기, 경청, 표현, 합의라는 순서를 거치면서 자연스럽게 자기주도성을 기를 수 있는 일이다. 스스로 제안한 것이기 때문에 나의 행동에도 구속력이 생겨요. 내가 정한 룰을 내 발로 깨버리는 일은 자존심이 허락하지 않습니다. 모든 것은 스스로 실행했을 때 이루어집니다. 스스로 달걀을 깨면 병아리가 되지만 남이 달걀을 깨면 달걀프라이가 됩니다.

소통을 통해 충분한 게임 시간을 설정하고, 부모와 약속을 했으면 지키기 위해 노력해봅시다. 가령 평일 두 시간을 게임 시간으로 설정했다면 30분 정도 남았을 때 슬슬 게임을 그만할 준비를 해야겠죠. 〈리그 오브 레전드〉나 〈오버워치〉 같은 게임은 대전 상대를 만나는 것부터 시작해서 게임이 끝날 때까지 기본적으로 30분

이상은 소요됩니다. 게임 시간이 30분 남았는데, 다시 한 판 더 하겠다는 것은 약속을 어기겠다는 말과 같습니다. 30분이 남았다면 한 판 개념이 아니라 언제든지 시작하고 언제든지 끝 수 있는 MMORPG 게임이나 가벼운 롤플레잉, 퍼즐 게임을 하면서 슬슬 오늘의 게임을 마무리합시다. 그렇게 하루하루 부모와 약속을 지켜나간다면 부모는 우리를 믿고 자유롭게 게임하는 것을 허락할 겁니다. 주말이나 방학에는 더 오랫동안 게임을 해도 받아들일 거고요. 스스로 게임 시간을 통제할 수 있다면 게임 시간과 무관하게 부모는 언제나 우리를 지지해줄 것입니다.

통제할수록 자유로워진다

엄마 아빠도 이 게임 해볼래요?

올바른 게임 습관을 만드는 가족의 힘

유튜브 채널 〈최민준의 아들TV〉를 운영하는 최민준 소장은 한 강연에서 게임과 관련된 본인의 경험을 재미있게 들려줍니다. 그는 고등학교 1학년 때 게임에 빠졌고, 게임을 그만하라는 부모와 사이가 틀어져 한동안 대화를 하지 않았다고 하는데요. 그러던 어느 날 부모와 관계를 회복하는 순간을 술회하는데 그 한마디가 오랫동안 여운으로 남습니다.

"엄마, 해볼래?"

잠시 화장실에 간 사이 어머니에게 마우스를 넘겨준 그는 그날 이후 어머니와 함께 게임을 즐겼고, 4개월 만에 게임을 끊었다고 말합니다. 부모와 함께 게임을 하니 게임하는 내 모습이 더 이상 특별하게 느껴지지 않았고 게임을 하고 싶은 마음이 점점 줄었다고 하면서요.

저의 아버지는 전형적인 경상도 남자여서 무뚝뚝하고 말수가 적었지만 어머니는 다 큰 아들에게도 큰 사랑, 작은 사랑이라고 불러줄 정도로 애정과 애교가 많으셨습니다. 어느 날 한창 게임을 하고 있는데 어머니께서 옆으로 오셔서 지금 무슨 상황이냐고 물으셨습니다. 한창 정신이 팔린 저는 무슨 대답을 했는지 기억하지 못했지만 어머니께서는 언제나 제가 하는 게임에 관심을 보이셨어요. 어머니는 게임이라면 컴퓨터 고스톱 정도만 즐길 줄 아시지만 제가 게임을 하고 있으면 누가 이기고 있는지, 어떻게 전투가 전개되고 있는지 궁금해 하셨습니다. 그때는 잘 몰랐지만 지금 돌이켜보니 어머니께서는 아들이 좋아하는 게임을 이해하려고 하셨던 것이었습니다. 밥을 먹을 때 어떤 프로게이머가 제일 잘하는지, 어떤 선수랑 친한지, 늘 이런 걸 물어보셨죠. 지금도 예전에 같이 활동했던 선수들의 근황을 물어보십니다.

부모와 함께 게임을 즐기는 기적 같은 이야기

게임을 좋아하는 우리에게 게임을 좋아하는 부모를 만난다는 것만큼 행운은 없을 겁니다. 부모 자신도 학창 시절 게임에 빠진 경험이 있다면 우리를 쉽게 이해해줄 수도 있겠죠. 지금부터 세월이 조금만 더 흐르면 모든 부모가 게임에 빠진 자녀를 이해할 날이 올 것이라 생각합니다. 20년 전 게임에 빠져있던 청춘들이 하나둘 부모가 되어 게임에 빠진 자녀를 마주하고 있을 테니까요. 그러나 만약 우리 부모님이 게임을 좋아하는 부모가 아니라면, 또는 자신의 학창 시절을 까맣게 잊어버리고 게임을 하는 우리를 타박하는 내로남불 부모로 변했다 하더라도 안타까워하지 말고 우리가 할 수 있는 일을 합시다. 큰마음을 먹고 부모에게 먼저 다가갑시다. 게임을 하고 있는 도중에 부모가 내 방으로 들어온다면 먼저 옆에 앉으시라고 이야기해봅시다. 이 게임은 어떤 게임인데, 누구랑 같이 하고 있고, 현재 어떤 상황이라고 설명하면 어떨까요? 게임을 싫어하는 부모라도 자녀가 자신이 즐기고 있는 것을 공유해주려는 마음 하나만큼은 높이 살 겁니다. 부모도 게임을 좋아하는 나를 이해하려고 시도할 거고요. 내가 좋아하는 게임을 부모와 공유하는 일은 올바른 게임 습관을 함양하는 데 도움이 됩니다.

부모와 자녀의 관계는 흔히 부모가 주도하는 것으로 생각하기 쉽습니다. 지금껏 부모의 집에서 살고, 부모의 돈을 쓰고, 부모에게 의지하며 살아왔으니까요. 그러나 우리가 태어난 순간부터 부모의 삶은 우리를 중심으로 180도 변했습니다. 부모는 우리가 아픈 곳은

없는지, 잠은 잘 자는지, 친구는 잘 만나는지 항상 살피며 우리 행동에 맞게 생활 리듬을 바꾸어나갔습니다. 지금 생활하고 있는 환경은 모두 우리를 위해 설계되고 차곡차곡 이루어졌다고 봐도 과언이 아니에요. 우리가 좋아하는 음식, 우리가 좋아하는 활동, 우리가 좋아하는 친구, 우리가 좋아하는 모든 것에 맞춰 부모는 카멜레온처럼 변해왔습니다. 부모와 자녀의 관계는 겉으로 보기에는 부모가 주도권을 쥐고 있는 것처럼 보이지만 사실은 자녀가 갖고 있어요. 자식 이기는 부모 없다는 이야기가 괜히 나온 말이 아닙니다.

　부모님이 먼저 다가오기를 기다렸다가 말을 거는 부모님에게 성의껏 응하는 것도 칭찬할 일이지만 한 번쯤은 우리가 먼저 부모님에게 다가서 봅시다. 부모님은 생각했던 것보다 훨씬 이야기를 잘 들어줄 거예요. 하고 싶은 말을 자유롭게 하고 대화를 통해 서로 마음을 교환하는 이상적인 가정은 주말 드라마에만 있지 않습니다.
우리가 만들어 나가는 겁니다.

"엄마, 해볼래?"

다섯 글자의 짧은 문장이지만 이 말부터 변화는 시작됩니다.

나의 자존감, 엄마와 아빠의 자존감

내가 미소 지으면 부모님도 미소 짓는다

부모는 자녀의 거울이라고 합니다. 우리는 부모라는 거울을 매일 보며 자랐죠. 태어날 때부터 부모의 얼굴을 쏙 빼닮습니다. 부모님은 "눈은 아빠를 닮았네, 코는 엄마를 닮았네."라고 하면서 비슷한 부분을 애써 찾아내며 우리를 사랑스럽게 바라봅니다. 철없는 행동을 해도 이해해주고 포근하게 감싸줍니다. 그랬던 부모님의 얼굴이 굳어지고 있습니다. 시간이 지날수록 따뜻한 눈빛은 날카롭게 변하고 위를 향하던 입술 끝은 어느새 아래를 향하고 있습니다. 부모님의 사랑이 가득 담긴 표정과 행동은 언제부터 바뀌게 된 걸까요? 우리가 아기 때보다 귀엽지 않아서 그런 걸까요? 아기 때는 포동포동하고 웃는 모습이 예뻤는데 지금은 징그러워서 그런 것일까요?

부모의 입장에서 보면 우리가 다 큰 지금보다 아기였을 때가 육체적으로든 정신적으로든 훨씬 더 힘들었습니다. 우리는 말도 제대로 통하지 않았고 툭하면 큰 소리로 울기 십상이었죠. 물건을 이리저리 던져서 방을 엉망진창으로 만들고 사탕을 먹고 싶다며 울면서 조르기도 했습니다. 그럼에도 불구하고 부모의 눈은 사랑으로 반짝반짝했지만 이제는 그렇지 않습니다. 부모님과 언제 마지막으로 웃으며 이야기를 나눴을까요? 우리를 향해 인자한 미소를 지으며 말씀을 하신 게 언제인지 기억이 가물가물합니다. 왜 부모님은 서서히 웃음을 잃어가는 걸까요. 우리의 몸이 커지고 어른이 되어가면서 웃을 일이 사라지는 것일까요? 회사에서 힘든 일이 늘어나고, 안 좋은 일만 생기는 걸까요? 반대로 생각해봅시다. 우리가 부모를 향해 진심으로 웃는 얼굴을 보여준 게 언제인가요? 아기 때는 시도 때도 없이 천사와 같은 미소를 짓고 재롱도 부렸지만 언제부터인가 성적, 수업, 학원과 같은 사무적인 이야기만 하게 되지 않았나요? 방긋방긋 웃는 얼굴만 보여주던 거울은 왜 무표정만 보여주게 되었을까요?

가정마다 다양한 이유가 있겠지만 근본적으로는 서로 원하는 것을 충족시켜주지 못하기 때문이라고 생각합니다. 우리가 부모가 바라는 대로, 부모가 원하는 것이라면 무엇이든 들어주고, 실현해줄 수 있다면 부모의 얼굴에서는 미소가 떠나지 않을 것입니다. 학업 성적은 전 과목 100점을 받아 일 등만 꿰차고, 집에서는 예습, 복습은 물론 선행학습을 자처해서 하면 되겠죠. 말은 예쁘게 하고 운동, 독서, 예술에도 관심을 두고 책만 읽는다면 어느 부모가 좋아하지 않을까요? 반면 우리 입장에서 보면 게임을 하고 싶은 만큼 하게 허락해주고, 원하는 시간에 밥을 먹어도 웃어주고, 자고 싶은 만큼 잠을 자도 좋아하시고, 뭐든지 내가 하고 싶은 대로 하는데도 아무런 제재를 하지 않는다면 얼마나 좋을까요.

그렇지만 우리는 알고 있습니다. 세상 모든 일은 내 생각대로 흘러가지 않고, 하고 싶은 대로만 하고 살 수는 없다는 것을 말이죠. 부모가 마음에 들지 않는다고 해서 부모를 바꿀 수 없듯이 부모가 원한다고 해서 모든 것을 부모에 맞추며 살아갈 수 없습니다. 서로가 조금씩 들어줄 수 있는 것은 들어주고, 양보해야 할 것은 양보해야 합니다. 내가 하고 싶은 것을 하기 위해서는 상대방의 요구를 들어줘야 합니다. 가는 것이 있으면 오는 것이 있고 받은 것이 있으면 돌려주는 것이 있어야 하죠. 모든 일을 내가 하고 싶은 대로 하고 싶다면 혼자 사는 것 말고는 방법이 없습니다.

부모와 **자존감**이라는 공 주고받기

보다 나은 삶을 살아가는 데 있어서 나라는 인간의 대들보가 되는 건 자존감입니다. 자존감은 나를 존중하고 나를 사랑하는 마음이며, 응당 한 사람으로서 존엄한 가치를 가지고 존중받아 마땅하다고 생각하는 마음이에요. 자신감과 비슷하지만 조금 다릅니다. 자신감은 어떤 것을 잘할 수 있다고 믿는 마음입니다. 자존감이 있는 사람이 자신감을 동시에 가질 수도 있지만 자존감은 없고 자신감만 있을 수도 있어요. 부모의 강요와 억압에 할 수 없이 억지로 공부만 하는 학생은 자신을 부모의 부품이라고 느낄 겁니다. 성적이 좋고 시험에는 자신이 있을지 모르지만 자기를 존중하는 마음은 없을 거예요. 이상적인 것은 자존감과 자신감을 동시에 가지고 선순환 관계로 두 마음을 함께 키워나가는 일이겠죠.

『내가 찾던 것들은 늘 내 곁에 있었다』의 저자 이노우에 히로유키는 자존감에 대해서 이렇게 이야기합니다. "내가 나를 존중하는 것이 당연하다면 다른 사람도 그 자신을 존중하는 것이 당연하다. 내가 나를 소중히 여긴다면 다른 사람도 그 자신을 소중히 여길 것이다. 존중하는 마음은 나에게만 적용되는 것이 아니라 모든 사람에게 적용된다는 말이다. 자존감이란 힘든 상황에서도 꿋꿋하게 나를 지켜내는 것이다. 진짜 자존감을 가지고 있는 사람은 상대의 그릇된 말 때문에 상처받지 않는다. 자존감은 관계 속에서 피어난다. 다른 사람과 관계가 좋은 사람들은 대체로 자존감도 높다."

자존감은 어떻게 기를 수 있을까요? 내가 바라는 것을 상대방이 들어주면 존중받는 느낌을 받게 되죠. 어떤 일을 했을 때 상대방이 칭찬을 해준다면 뿌듯한 마음이 들어 자존감이 생깁니다. 이렇게 자존감은 타인과의 관계 속에서 키워지고 여물어집니다. 반대로 부모의 자존감은 어떻게 생기는 것일까요? 우리가 부모의 기대에 부응하면 부모의 자존감도 커질 겁니다. 결국 우리와 부모 사이는 서로 주고받고 상호 보완하면서 함께 자존감을 키워나가는 관계입니다. 내가 존중받으려면 먼저 상대를 존중해야 합니다. 한 발짝 물러서서 부모의 입장에서도 생각하고 부모를 존중해야 합니다. 내가 원하는 것을 요구하고 부모의 요구도 받아들이는 자세야말로 자신감과 자존감을 키우고 긴 10대를 지혜롭게 보내는 방법일 것입니다.

닭이 먼저일까, 달걀이 먼저일까

혼공(혼자 공부)의 중요성이 커진다

SBS 다큐멘터리 〈당신의 아이는 혼자 공부할 수 있습니까?〉는 코로나19 확산 이후 변화한 학습 환경에 적응하려는 부모와 자녀의 모습을 비춥니다. 부모의 재촉에 못 이겨 눈을 비비며 잠에서 깨고 세수도 하지 않은 채 원격 수업을 듣는 한 학생의 모습이 인상적인데요. 그는 학교에 가지 못하게 되자 학습 동기부여가 전혀 되지 않는다고 말합니다. 학교라도 가면 같이 공부하는 친구들도 있고 좋든 싫든 공부 환경이 조성되는데 집에 있으니 공부에 집중이 안 된다고 투덜댑니다. 혼자 공부하는 데 어려움을 겪는 학생들과 이를 걱정하는 부모들에게 해결책을 제시하면서 다큐멘터리는 끝이 납니다.

오늘의 득템

혼자서 공부하지 못하는 학생들의 일상을 다룹니다. 부모는 자녀의 일거수일투족을 관리합니다. 기상 시간, 공부 시간, 공부량 모두 부모가 지정합니다. 자녀는 부모의 기대에 부응하지 못합니다. 부모는 스트레스를 받습니다. 일 대 일 과외 형식으로 자녀를 가르치지만 서로에게 남는 건 깊은 한숨뿐입니다. 자녀는 더욱더 부모에게 의지하게 되고 부모는 자녀를 감시하게 됩니다. 이런 상황을 어떻게 해결해야 할까요? 자녀 스스로 공부 계획을 세우고 실천하는 게 중요합니다. 다큐멘터리는 누군가 시켜서 공부하는 것과 스스로 공부하는 것의 차이점을 보여줍니다.

방송 중간에 눈길을 끄는 대목이 하나 있었습니다. 수능 점수를 잘 받아 모두가 선호하는 학과에 진학한 대학생 7명이 출연해 인터뷰하는 장면이었어요. 그들은 한목소리로 말했습니다. "공부는 혼자 하는 것이 아닌가요?, 부모님의 감독 아래서 공부하는 것은 초등학생 때까지죠." "스스로 나에게 맞는 공부 방법을 개발해서 적용했어요." "좋아하는 사람에게 가르쳐준다는 생각으로 말을 하면서 공부를 했어요." 그들의 공통점은 혼자서 공부하는 것이었습니다.

SBS 다큐멘터리 〈부모 vs 학부모〉도 자기주도 학습을 강조합니다. 서울대학교 경영학과 1학년 학생들을 대상으로 어떻게 공부했는지, 부모와의 관계는 어땠는지 분석했습니다. 똑같았습니다. 모두 스스로 공부를 했다고 말했습니다. "특별한 공부 비법이 있진 않다. 대신 누가 시켜서 공부한 적은 없다." "어떤 계기인지 모르겠지만 성적을 올리고 싶은 열망이 생겼고 그때부터 혼자서 공부를 했다." 혹시 '역시 서울대학교 학생이니까 멋지게 말하는군.'이라고 생각하나요?

 오늘의 득템

1부, **공든탑이 무너진다**: 부모와 자녀의 관계가 학업 성적에 미치는 영향을 알아봅니다. 게임에 빠진 자녀가 어떻게 공부를 잘할 수 있었는지, 서울대학교 학생들은 고등학생 때 어떻게 공부를 했는지 분석합니다.

2부, **기적의 카페**: 자녀의 공부 감독관이 된 부모를 변화시키는 과정을 보여줍니다. 부모들은 두 달 동안 자기의 진정한 역할, 자녀와 관계를 개선하는 방법을 배웁니다. 부모는 자녀의 성적표가 엄마의 성적표라는 생각을 내려 놓고, 자녀도 안정을 찾으며 자기주도 학습을 시작합니다.

3부, **부모의 자격**: 경쟁으로 점철된 대한민국 교육의 현실을 그립니다. 학교에 따른 서열화, 계층화를 경계하라고 지적합니다. 시험이 자녀의 행복과 지적 호기심을 파괴하고 있다면 부모들이 연대해서 그런 교육제도를 없애라고 설득합니다.

놀라운 것은 바로 뒤에 나오는 인터뷰입니다. "중학교 3학년 때 게임에 빠졌다. PC방에서 청소년이 최대한 있을 수 있는 시간인 10시까지 게임을 했다." "게임은 하루에 두세 시간 했던 것 같고, 게임 방송은 방과 후에 계속 봤다. 주말에는 온종일 게임을 하기도 했다." 그들은 게임을 하느라 다른 건 신경 쓰지 않았던 시절을 담담히 고백합니다.

'게임도 실컷 했는데, 공부도 잘했군. 역시 똑똑한 사람들은 달라도 달라.' 또 이런 생각을 하고 있나요? 그들 중 처음부터 끝까지 성적이 좋았던 경우는 26퍼센트에 불과했습니다. 나머지는 성적이 급격히 오르거나, 좋아졌다가 나빠지기도 하는 경우였습니다. 연구를 수행한 서울대학교 교육학과 신종호 교수는 같은 경영학과 입학생들 간에도 자기주도성에 차이가 나타난다고 설명합니다. "대학에 입학한 후에 학생들의 목표인식이 고등학교 때보다 상당히 낮아지는 경향이 있다. 목표 인식이 낮아져도 자기주도성이 높은 학생들은 대학교에서도 자신이 해야 할 일을 찾아가는 반면 자기주도성이 낮은 학생들은 목표 인식의 부재로 인해서 대학 생활에 혼돈을 경험한다."

더 흥미로운 것은 부모와의 관계입니다. 그들은 부모와 사이가 좋았습니다. '공부를 잘했으니 당연히 부모와 관계가 좋았겠지.'라고 생각할 수도 있겠죠. 그러나 그들이 게임에 빠져 공부는 뒷전에 두고 게임만 했을 때도 부모들은 자녀를 믿고 지지했습니다. 자녀가 하는 일을 간섭하지 않고 조용히 기다렸습니다. 집에서 하고 싶은 것을 마음대로 할 수 있으니 집에 있는 게 편하고 즐거웠다는 학생도 있었습니다. 게임하고 싶으면 게임하고, 공부하고 싶으면 공부하고, 부모는 나를 믿어줍니다. 이런 환경은 생각만 해도 마음이 편해집니다.

부모와 친구처럼 티키타카

'공부를 잘하려면 역시 나를 믿어주는 좋은 부모를 만나야 하는 건가.' '안 그래도 공부 때문에 요즘 부모님과 마찰이 잦은데, 이 다큐멘터리를 부모님께 보여드려야겠다.'라는 생각을 했나요? 물론 상냥하고 다정한 부모를 만났으면 좋았을지도 모르죠. 그러나 우리가 부모를 선택할 수도 없고, 이런 생각은 푸념과 한숨이 되어 공기 중에 사라질 뿐 인생에 아무런 도움이 되지 않습니다. 공부는 혼자 할 수 있지만 관계는 혼자 만들 수 없어요. 상호 간에 주고받는 일련의 일과 사건들을 통해 나와 상대방의 관계가 이루어집니다. 예를 들어 두 사람 사이에 싸움이 일어났을 때 한 사람만 잘못한 경우는 극히 드뭅니다. 두 사람의 이야기를 가만히 들어보면 둘 다 똑같이 잘못한 부분이 있어요. 자동차 접촉사고가 나면 귀책의 비율을 5:5, 6:4로 나누듯이 두 사람 모두 상대에게 영향을 줬을 가능성이 큽니다. 넓은 대로에서 혼자 운전하는데 접촉사고가 날 수는 없지요.

가는 말이 고와야 오는 말이 곱습니다. 부모를 대하는 눈빛, 표정, 행동, 몸짓은 그대로 부모에게 전해집니다. 맑은 미소와 따뜻한 목소리는 온기를 품은 채 서로의 마음을 포근하게 합니다. 좋은 생각과 영향을 주고받다 보면 신뢰가 두텁게 쌓이고 어떤 행동을 하든지 믿을 수 있는 관계가 되는 거죠. '부모님께서 먼저 나를 따뜻하게 대해주시면 좋으련만'이라고 생각하지 말고 우리가 할 수 있는 일을 먼저 시도해봅시다. 닭이 먼저인지 달걀이 먼저인지는 중요하지 않아요. 기꺼이 달걀이 되어 부모를 선순환의 상호 관계 속으로 끌어들입시다. 상대방과 합이 잘 맞는다는 신조어 티키타카는 부모와도 충분히 할 수 있어요. 내가 무엇을 하든 지지해줄 수 있는 부모를 만드는 티키타카는 나로부터 시작합니다.

『내게 스무 살이 다시 온다면』의 저자는 나와 부모 관계의 소중함을 이야기합니다. "부모와 진심으로 이야기를 나누고 먼저 소통해야 한다. 다른 일은 그 후에 해도 늦지 않다. 먼저 부모에게 손을 내밀고 이야기를 털어놓으면 이미 훌쩍 커버린 내 자신과 마주하게 될 것이다. 또 싸우고 또 속상해하는 일이 반복될지 모른다. 하지만 그게 바로 가족이니 너무 걱정하지 않아도 된다." 부모와 부대끼면서 서로 힘이 될 수 있다면 이보다 나은 부모, 자녀 관계가 있을까요.

엄마 배에서 힘겹게 나와서 두 눈으로 세상을 처음 본 순간부터 우리는 늘 부모와 함께였습니다. 지금까지 자라면서 부모의 애정과 관심을 받고 건강하게 무럭무럭 성장했죠. 가끔은 우리가 먼저 부모에게 손을 내밀고 관계를 주도해봅시다. 너무 어렵다고요? 방법은 간단합니다. 함께 식탁에 앉아 밥을 먹으며 이렇게 이야기해봅시다.

"엄마, 아빠 오늘 학교에서 어떤 일이 있었는지 아세요?"

오늘의 득템

티키타카(tiqui-taca)는 스페인어로 탁구공이 왔다 갔다 하는 모습을 뜻하는 말입니다. 최근에는 사람 사이에 죽이 잘 맞아 탁구공이 왔다 갔다 하듯 대화가 끊어지지 않고 즐겁게 이어지는 상황을 나타낼 때 이 표현을 사용합니다(예; 티키타카가 잘 되는 사람이 좋아).

게이머를 위한 아포리즘

식사 시간에 부모와 함께하는 것은 정성들여 음식을 준비한 부모에 대한 예의이자 자유롭게 게임하기 위한 발판이기도 하다.

식사 시간과 게임 시간이 겹치지 않도록 관리하라.

식사 시간을 이용해 부모와 일상 대화를 시도해라.

자존감은 상대와 관계를 통해 만드는 것이다. 부모와 긍정적인 상호관계를 통해 서로의 자존감을 높여라.

부모는 자녀의 거울이다. 우리가 하는 행동이 부모의 행동에 영향을 미친다. 가는 말이 고와야 오는 말이 곱다.

부모가 다가서기를 기다리지 말고 내가 할 수 있는 것부터 먼저 시작하라.

자존심을 세울 필요는 없다. 부모 자녀 관계에서는 '닭이 먼저냐 달걀이 먼저냐'가 하나도 중요하지 않다.

5장

내 삶의 주연 배우조
우뚝 서는 마음 훈련

시작이 전부다

과정 없이 결과 없다

복권에 당첨되고 싶은 한 청년이 있었습니다. 그는 강렬한 열망을 품은 채 신에게 질문했습니다.

"신이시여, 어떻게 하면 복권에 당첨될 수 있겠습니까?"

간절한 부름에 신이 응답했습니다.

"아들아, 먼저 복권을 사거라."

영화 〈먹고, 기도하고, 사랑하라〉의 한 장면입니다. 주인공인 저널리스트 리즈는 음식을 즐기기 위해 이탈리아로 가고, 마음을 단련하기 위해 인도로 갑니다. 발리에서는 사랑하는 사람을 만나 함께 미래를 그리기도 하죠. 리즈는 매 순간 새로운 경험을 받아들이고 진취적으로 행동합니다. 두려움을 이겨내고 새로움을 추구합니다.

어떤 일이든 부딪히고 보는 그녀는 언제나 자유롭고 생생합니다.

자동차를 움직이기 위해서는 시동을 걸어야 하고, 좋아하는 사람과 데이트하기 위해서는 상대방에게 마음을 표현해야 합니다. 외국인과 대화하기 위해서는 외국어를 더듬더듬이나마 말할 줄 알아야 하고 복권에 당첨되고 싶다면 먼저 복권을 사야 합니다. 그러나 우리는 가끔 아무것도 하지 않고 결과만 바라기도 합니다. 상대방이 알아서 나를 좋아해주기를 바라고 어느 순간 갑자기 외국어가 능숙해질 것이라 기대합니다.

앞서 우리 자신, 그리고 가족과의 관계를 발전시킬 수 있도록 많은 이야기를 나누었습니다. 게임을 잘하기 위해서는 게임을 공부하듯이 해야 한다고 조언했고, 공부를 잘하기 위해서는 공부를 게임하듯이 해야 한다고도 말했습니다. 부모와의 관계를 개선하고 싶다면 부모의 생각에 공감하고 서로의 요구를 솔직하게 표현하고 수용해야 한다고 말했습니다. 지금까지 책을 읽으면서 고개를 끄덕이기도 하고, '내 생각과는 조금 다른데.'라고 느끼며 갸웃거리기도 했을 거예요. 참 많은 이야기를 나누었네요. 지금까지 책을 읽어준 독자에게 감사를 전합니다.

실천이라는 단어에 밑줄 쫙

이제 이 책을 통틀어서 가장 중요한 이야기를 시작하려고 합니다. 눈을 또렷이 뜨고 맑은 정신으로 책을 읽어나갔으면 좋겠습니다. 잠시 일어나서 스트레칭이나 세수를 하고 와도 좋고요. 누군가가 저에게 "책의 어떤 부분이 독자의 기억에 남으면 좋겠습니까?"라고 물어본다면 서슴없이 이번 꼭지를 고를 겁니다. 다음 내용만 평소보다 더 집중해서 읽고 가슴에 새긴다면 다른 모든 부분은 통째로 잊어도 좋습니다. 그만큼 가장 전달하고 싶은 메시지입니다.

우리가 지금까지 나누었던 이야기들을 어떻게 받아들이고 '실천'하느냐에 따라 앞으로의 삶은 획기적으로 변할 겁니다. 실천이라는 단어에 밑줄을 쫙 그어주세요. 선명하고 굵은 펜으로 여러 번 덧칠하세요. 같은 책을 읽더라도 곰곰이 생각해보고 내 생활에 적용하려고 하는 사람이 있는 반면, 다 알고 있는 내용이라며 책장을 덮어버리고 책 한 권 읽었다는 사실만으로 만족하는 사람이 있습니다. 더 나은 삶을 살기 위한 방법을 아무리 많이 알아도 실천하지 않으면 쓸모가 없습니다. 우리는 모두 학업 성적을 잘 받는 방법을 알고 있습니다. 개념과 원리를 이해하고 수업시간에 집중하며 예습, 복습을 철저히 하면 되죠. 그러나 이 짧은 한 문장을 온전히 실천하고 유지하는 사람은 드뭅니다. 대부분 공부를 하는 도중에 다른 생각을 합니다. 오랜 시간 같은 공간, 같은 자리에 앉아 있는 것은 그 자체만으로도 고된 일인데 공부까지 하려니 얼마나 힘이 들까요. 우리가 방법을 몰라서 원하는 만큼 성적을 거두지 못하는 게 아닙니다. 하지 않기 때문에, 하지 못하기 때문에 바라는 것을 이루지 못하는 겁니다.

록펠러와 더불어 미국 역사상 최고의 부자인 철강왕 카네기는 이렇게 말했습니다. "나이가 들어감에 따라 나는 사람이 하는 말에 귀를 덜 기울이게 되었다. 나는 그저 그들의 행동을 보고 판단한다."

부모와 약속을 지키는 것, 스스로 게임 시간을 설정하는 것, 게임의 고수가 되기 등 이뤄내고 싶은 게 있다면 일단 '시작'해야 합니다. 실제로 시도해보면 생각보다 잘 될 수도 있고, 반대로 아예 불가능할 수도 있습니다. 하지만 우리는 그 과정에서 시도하고, 실패하고, 실천하고, 다시 도전하고, 덤벼들고, 부딪히면서 시행착오를 겪고 자기에게 맞는 방법을 찾아내고, 이를 수정하고 보완할 수 있습니다. 아무것도 하지 않으면 아무것도 변하지 않습니다. 아무것도 하지 않고 무언가가 바뀌기를 바라는 것은 복권을 사지 않고 당첨되기를 바라는 것과 같아요. 오늘도 하늘에서 돈벼락이 떨어지는 상상만 하고 말 건가요.

성공철학의 거장 나폴레온 힐은 "열망을 실현하기 위해 명확한 계획을 세우고 즉시 시작하라. 준비가 됐든 아니든 이 계획을 실행에 옮겨라."고 말했습니다. 책을 다 읽었다는 뿌듯함만 가진 채 늘 그래왔듯이 다시 똑같은 일상으로 되돌아갈 건가요. 아니면 뭔가 하나라도 바꾸기 위해서 새로운 변화의 길로 나를 이끌 건가요.

지금 이 순간이 변하기 위한 최적의 기회다

제가 프로게이머가 될 수 있었던 것은 동네 PC방에서 주최한 대회에 쭈뼛쭈뼛 참가했기 때문이고, 한 권의 책을 완성할 수 있었던 것은 새하얀 바탕에 첫 글자를 썼기 때문입니다. 아무도 저에게 그렇게 하라고 시키거나 기대하지 않았습니다. 심지어 저조차 무슨 일을 하고 있는지 어리둥절할 때가 많았습니다. 그러나 동네 PC방 무대는 수많은 관중 앞에서 전국에 생방송되는 프로 무대로 바뀌었고 백지에 더듬더듬 채웠나갔던 글은 A4용지 100장이 넘는 원고가 되어 책으로 탈바꿈했습니다. 아무것도 하지 않으면 아무것도 바뀌지 않지만 무언가를 하면 무언가가 바뀝니다. 당장은 변하지 않는 것처럼 느껴지더라도 시간이 지나면 반드시 변합니다. 딱하나만, 우리가 지금까지 주고받은 이야기 중에 가슴에 조금이라도 와 닿았던 게 있었다면 딱 하나만 바로 실천해봅시다. "내일 해야지, 잠시 쉬었다 해야지, 주말에 해야지."라고 미루는 순간 우리의 의지는 동력을 상실합니다. 마음속에 알 수 없는 감정이 끓어 오르는 지금이 나를 바꾸기 위한 가장 좋은 기회입니다. 지금 이 순간 시작해야 합니다.

작심삼일(作心三日), 지금껏 결단을 내리고 삼 일도 못 가 그 마음을 잊어버리고 말았나요. 그리고 '내가 뭐 다 그렇지.'라고 또 한탄하고 한숨을 쉬었나요. 아닙니다. 작심'일'일은 대단한 변화입니다. 무언가를 바꾸겠다는 마음을 먹은 것도 모자라 하루라도 그것을 행동으로 옮겼다면 더 나은 인생을 살기 위한 위대한 발걸음을 뗀 것입니다. 작심일일이 모여서 삼 일, 십 일, 백 일이 됩니다. 그리고 시간이 흐르면 다른 사람이 범접할 수 없는 성취를 이루게 될 거예요. 비행기는 이륙할 때 연료의 절반을 소모합니다. 그만큼 시작이 힘들고 어렵습니다. 그래도 할 수 있습니다. 책을 읽으며 떠오르는 것이라면 아무것이나 좋습니다. 결과는 신경 쓰지 마세요. 비행기처럼 하늘 높이 날아오르기 위해 지금 바로 시작하세요.

천 리 길도 한 걸음부터

변화라는 부담을 내려놓는 순간 변화가 시작된다

"그 사람 아직도 그래요?, 거 봐요 사람 안 변한다니까."

"사람이 바뀔 것 같아요? 절대 안 바뀌어요."

어느덧 마흔을 바라보는 나이가 되니 사람이 변하지 않는다는 말이 더 가슴에 와 닿습니다. 청년 때 만났던 친구들은 여전히 예전 그대로이고, 저도 어릴 적 성격을 유지하고 있습니다. 사람은 고쳐쓰는 게 아니라는 말도 마치 진리처럼 느껴집니다. 세상에는 관성의 법칙이 작용하고 있습니다. 움직이고 있는 것은 계속 움직이려고 하고 가만히 있는 것은 계속 가만히 있으려고 하죠. 우리는 느끼지 못하지만 지구는 한 시간당 약 1700킬로미터의 빠른 속도로 자전하고, 지금 이 순간에도 태양 주위를 돌고 있습니다. 관성의 법칙을 위배하려 하는 것은 우주의 법칙을 위배하려는 것 같은 생각마저 듭니다. 변하려고 하지 않는 나를 억지로 변화시키려 하는 것은 지구를 멈추는 것만큼 힘든 일인지도 모릅니다.

이전 꼭지에서 시작과 실천의 중요성을 다루었습니다. 무슨 말인지 이해는 하겠는데 공감하지 못하는 사람이 있을 거예요. 왠지 남이야기 같고 나에게 해당되는 내용은 아닌 것 같나요? 나는 그저 평범한 사람일 뿐인데, 내가 과연 할 수 있겠냐고 생각할지도 모르겠습니다. 그러나 같은 글을 읽어도 변하는 사람이 있고 변하지 못하는 사람이 있습니다. 그럼 어떻게 하면 도전할 용기를 내서 하루하루 발전하는 사람이 될 수 있을까요?

변화는 역설적이게도 변화에 대한 부담을 내려놓는 것부터 시작합니다. 변화하고자 하는 열망이 크면 오히려 제자리걸음을 하게 됩니다. 목표를 원대하게 설정하는 것은 칭찬받을 일이지만 감당하지 못할 계획을 세우는 것은 이루지 않겠다는 말과 같습니다. 대통령이 되겠다는 꿈을 꾸는 것은 좋지만 1년 뒤에 대통령이 되겠다고 선언하는 것은 허무한 외침에 가깝죠. 대통령이 되기 위해서는 밑바닥부터 정치, 경제, 문화, 교육, 사람을 공부하고 수많은 경험을 쌓아야 합니다. 각계각층의 국민을 만나 그들의 바람을 듣고 어떻게 사회를 변화시킬지 고민을 거듭해야 합니다. 정당의 인정을 받아 대통령 후보로 선출된 뒤 국민의 지지를 받아야 합니다. 이 일들을 하기 위해서는 아무리 빨라도 10년은 족히 걸릴 거예요. 사람으로서 어느 정도 성숙해야 대한민국을 이끌 수 있으리라 판단했을까요. 대한민국 헌법은 만 40세 이상인 자에게만 대통령 후보가 될 자격을 부여합니다.

나를 변화시키는 작은 성공 경험

티끌 모아 태산이라고 했고, 천 리 길도 한 걸음부터라고 합니다. 마라톤 선수는 처음부터 전력 질주하지 않습니다. 42.195킬로미터를 빨리 완주하는 것이 목적이지 100미터를 빨리 완주하는 게 목적이 아니기 때문입니다. 마라톤 선수가 단거리 달리기 선수처럼 뛰면 짧은 시간 동안은 일 등을 유지하고 있을지 모르지만 곧 지쳐 쓰러져 결승점에 도달하지 못할 겁니다. 마라톤 경기에서 좋은 성적을 거두기 위해서는 초반에는 서서히 달리다가 막판에 페이스를 끌어 올려야 합니다. 무언가를 시작하겠다는 담대한 포부를 가졌다면 그 생각을 가슴에 품은 채로 사소한 목표부터 세우고 달성해 나가야 합니다.

예를 들어 아침에 늦잠을 자는 게 고민이라고 합시다. 일찍 일어나서 상쾌한 아침을 맞이하고 싶은데 생각처럼 되지 않을 거예요.

부모님께서 날카로운 목소리로 "밥 먹어라!"라고 소리치면 몸을 꿈틀거리며 가냘픈 목소리로 "5분만 더……."를 웅얼거립니다. 이러면 지각한다는 부모의 야단법석에 못 이겨 눈을 비비고 일어났지만 몸은 천근만근입니다. 빨리 일어나고 싶은 마음은 굴뚝같은데 아침만 되면 이불이 몸과 하나가 된 것 같습니다.

　우선 변화의 필요성을 체감하고 실천에 옮기기로 굳게 마음먹는 게 첫 번째입니다. 지금 이 상태가 너무 편해서 변하고 싶은 마음이 들지 않는다면 방법론은 생각할 이유가 없습니다. 방법을 알아도 몸과 마음이 준비되어 있지 않기 때문입니다. 공부를 잘하는 방법을 알아도 몸이 따라주지 않는 것과 같아요. 변화하고자 하는 생각이 가슴 속에서 조금이라도 우러나왔다면 찬스가 온 거예요. 먼저 나의 생활 패턴을 분석해봅니다. 늦게 자서 늦잠을 자는 것인지, 아니면 남보다 수면의 양이 많은 것인지, 숙면을 취하지 못하기 때문인지 원인을 따져보아야죠. 그리고 목표를 잘게 나누어 도전합시다. 잠을 늦게 자는 것이 문제라면 잠드는 시간을 10분 앞당기고, 수면의 양이 많은 게 문제라면 수면 시간을 10분 줄여 알람시계를 맞춰봅시다. 이때 정확히 10분 만 줄여야 합니다. 한 시간을 줄이겠다는 큰 목표보다는 단 10분이라도 바꿔보자는 마음으로 도전하는 게 중요합니다. 도전에 성공했다면 성공 경험을 만끽하고 몸에 익을 때까지 반복해보세요. 어느덧 수면 시간을 조절한 나의 모습을 볼 수 있을 겁니다. 여러분에게 중요한 것은 성공 경험을 쌓아가는 일이니까요.

사소한 변화가 위대한 변화로

프로게이머가 되기 위해 한창 게임 연습을 반복했던 학창 시절, 저의 실력을 한 단계 올려준 것 역시 작은 변화로부터 비롯되었습니다. 스타크래프트에는 원하는 구역의 화면을 단축키로 저장할 수 있는 기능이 있습니다. 다른 지역을 보고 있는 중간에도 단축키를 누르면 지정한 곳의 화면으로 전환됩니다. 기능이 있다는 사실은 알고 있었지만 일일이 화면을 저장하는 게 귀찮기도 하고 굳이 사용할 필요가 있을까 하고 생각했었어요. 실력의 정체기가 온 어느 날, 화면 지정 기능을 활용해보기로 했습니다. 손에 익지 않은 기능이라 처음에는 오히려 실력이 더 떨어지는 것 같고, 기능을 사용하는 것을 의식하니 정신도 없었습니다. 그런데 이게 웬일, 며칠이 지나고 화면 지정 기능이 손에 익은 시점부터는 승률이 조금씩 올라갔습니다. 초 단위의 미세한 순간의 컨트롤과 판단이 승부를 가르는 경기에서, 화면 지정 기능은 동일한 명령을 내리는 데 걸리는 시간을 다만 0.1초라도 줄여주었죠. 기능 하나를 더 몸에 익혔을 뿐이지만 이전이라면 당했을 전략에 당하지 않게 되었고 질 경기도 역전할 수 있었습니다. 프로게이머라면 게임에서 주어진 모든 기능을 사용하는 게 당연하다고 생각할지 모르겠지만 익숙한 플레이 패턴을 바꾸는 건 아주 어려운 일이었습니다. 야구 선수가 몸에 굳어버린 스윙 자세를 바꾸는 건 정말 힘든 일이라고 말하는 것처럼 말이지요.

『에센셜리즘, 본질에 집중하는 힘』의 저자 그렉맥커운은 이렇게 말합니다. "비에센셜리스트는 뭐든지 크게 시작하려고 한다. 모든 것을 하려고 하고, 모든 것을 가지려고 하고, 모든 것에 자신을 맞추려고 하는 것이다. 에센셜리스트들의 방식은 이와는 다르다. 모든 것을 한꺼번에 이루어내기 위해 무조건 크게 시작하는 것이 아니라, 일단은 작게 시작하면서 계속되는 성취를 통해 즐거움을 얻는다. 여러 연구들에 따르면, 우리 인간에게 가장 강력한 동기부여가 되는 것은 발전이라고 한다. 하나의 성공이 자신감과 확신을 만들어내고, 그것이 추진력이 되어 더 큰 성공으로 계속해서 나아가게 된다는 것이다."

히말라야를 정복하기 위해서는 먼저 눈 덮인 산에 첫걸음을 내디뎌야 합니다. 사소한 변화가 태산을 움직이게 합니다. 하루아침에 전혀 다른 사람으로 변해버린 사람, 나와 같은 레벨인 줄 알았는데 어느덧 손이 닿지 않는 영역으로 가버린 동료, 방학이 끝났는데 예전과 다른 기운이 풍기는 친구. 모두 갑자기 변한 것처럼 느껴지지만 실상은 그렇지 않습니다. 그들 모두 변하고자 하는 마음을 먹고 차근차근 변화를 실천해나간 사람들이에요. 우리는 남의 피나는 노력을 제대로 볼 수 없습니다. 그건 온전히 그 사람만이 알 수 있으니까요. 우리가 보는 건 시간이 한참 지난 후 변해버린 그 사람입니다. 이제는 우리 차례입니다. 시간이 지나 남들이 바라보기에 변했다고 느낄만한 모습, 그것은 사소해 보이는 작은 목표를 설정하고 차근차근 실행해나가는 것부터 시작됩니다.

백만 스물하나, 백만 스물둘

반복의 축적이 프로를 만든다

건전지 전문 기업 에너자이저의 텔레비전 광고가 한때 큰 인기를 끌었습니다. 건전지의 모습을 한 만화 캐릭터가 화면에 나와서 여기저기 근육도 보여주고 자기의 힘을 자랑합니다. 팔굽혀펴기를 하면서 내뱉는 대사가 재미를 더하는데요. "백만 스물하나, 백만 스물둘, 백만 스물셋" 이 표현은 지치지 않고 오랫동안 쓸 수 있는 건전지를 상징하는 문구가 되었습니다. 만약 하나의 일을 광고 속 건전지처럼 백만 번 넘게 반복한다면 어떻게 될까요? 모르긴 몰라도 어떤 분야에서든 최고의 자리에 오를 겁니다.

SBS 인기 프로그램 〈생활의 달인〉은 수십 년간 한 분야에 종사하며 부단한 열정과 노력으로 달인의 경지에 이르게 된 사람들의 스토리를 소개합니다. 그램 단위의 무게를 오차 없이 맞추는 기술자, 낡고 닳은 가구를 새것처럼 복원하는 장인, 특별한 음식 제조법을 개발하여 손님이 끊이지 않는 가게를 운영하는 요리사 등 이들의 모습은 놀라움을 넘어 감탄을 불러일으킵니다. 그들에게는 한 가지 공통점이 있는데요. 오랜 시간 같은 일을 반복하고 되풀이했다는 점입니다. 비가 오나 눈이 오나 새벽부터 준비하고 영업 종료 시간까지 그 일을 계속 반복합니다. 힘드냐고 물어보면 미소를 지으며 힘들지만 보람차다고 말합니다. 그들의 말투에는 행위 자체에 자긍심을 가지고 행복을 느끼는 게 드러납니다. 그들은 진정한 프로입니다.

그들이 짧은 시간에 그런 기술을 갖추었을까요? 번뜩이는 재능을 갖고 태어나서 순식간에 기량의 발전을 이루었을까요? 아닙니다. 긴 세월 동안 반복의 경험을 축적했기 때문에 눈을 감고 할 수 있을 정도까지 도달한 것입니다. 반복 행동이 체화되는 순간 같은 일을 하는데 필요한 에너지는 점점 줄어들고, 반복의 일상 속에서 더 나은 방법을 또 찾게 됩니다. 그렇게 점점 더 발전하는 거예요. 열 번 찍어 안 넘어가는 나무 없다고 했던가요. 그들은 열 번 찍고, 백 번 찍고, 천 번 찍어서 나무를 넘기고 또 넘겼습니다.

나를 변화시키는 매직 넘버 66

새로운 시도는 변화를 부르고, 변화를 이루기 위해서는 사소한 것부터 차근차근 실천해야 합니다. 실천에 옮기는 데 성공했다면 이제 반복을 통해 습관으로 만들어야 합니다. 〈유럽 사회심리학 저널〉에 실린 '습관이 형성되는 데 걸리는 시간'을 연구한 논문에 의하면 어떤 행동이 습관이 되기까지는 평균적으로 66일이 걸린다고 합니다. 두 달에 가까운 시간이죠. 두 달간의 인내의 시간이 지나고 나면 이제 그 일을 하는 데 전혀 힘이 들지 않습니다. 습관이 되었기 때문이죠. 이제 남은 에너지를 다시 새로운 습관 형성에 투자할 수 있습니다.

앞에서 예로 든 아침에 일찍 일어나고 싶은 학생을 잠시 다시 불러볼까요. 그는 여유로운 아침을 보내기 위해서 수면 시간을 10분 줄이기로 했습니다. 처음 일찍 일어날 때는 아주 힘들었습니다. 고작 10분이지만 내 몸에 익숙해진 패턴을 바꾸는 것은 습관을 깨트리는 일이기 때문입니다. 힘든 과정을 참고 10분 일찍 일어나기를 두 달 동안 반복하니 목표했던 10분 일찍 일어나는 게 전혀 힘들지 않게 되었어요. 기상 시간이 습관으로 자리 잡은 덕분입니다. 만약 한 시간 일찍 일어나려고 했다면 하루, 이틀 빨개진 눈을 끔뻑이며 일어날 수 있을지는 모르지만 습관으로 만들 정도로 오래 반복하지는 못했을 겁니다. 그는 10분 일찍 일어나기에 성공하여 다른 도전을 시도할 수 있게 되었고 작은 성공의 경험은 다른 변화의 밑거름이 되었습니다.

반복은 최고를 꿈꾸게 한다

게임을 잘하기 위해서도, 공부를 잘하기 위해서도 같은 행위를 반복할 필요가 있습니다. 게임 캐릭터의 스킬을 제대로 쓰기 위해서는 해당 캐릭터의 메커니즘을 이해하고, 스킬을 쓰는 단축키가 손에 익어야 합니다. 번갈아 가며 기술을 사용하면서 어느 순간에 명령어를 입력해야 가장 효율적인지 파악해야 합니다. 나중에는 몸이 먼저 반응합니다. 위기 상황에서도 반사적으로 절묘하게 스킬을 쓰게 됩니다. 손에 익어 습관이 되었기 때문이죠. 공부할 때 예습, 복습이 중요하다고 하는 이유는 한 번 봤던 내용을 보고 또 보면서 눈에 익히고 두뇌에 저장하기 위해서입니다. 비슷한 수학 문제를 숫자만 바꿔서 여러 번 푸는 이유도 반복을 통해 해당 문제를 푸는 방법을 체화하기 위해서입니다. 반복은 습관을 만들고 습관은 성장을 견인합니다. 그렇게 더 높은 난도에 도전하게 되고 어려운 문제를 접해도 당황하지 않고 풀 수 있게 됩니다.

고대 그리스 철학자 **아리스토텔레스**(Aristoteles, B.C.384~B.C.322)는 말합니다. "우리가 반복적으로 하는 행동이 바로 우리가 누군지 말해준다. 그러므로 중요한 것은 행위가 아니라 습관이다." 17세기 영국의 시인이자 문학평론가 **존 드라이든**(John Dryden, 1631~1700)은 "처음에는 우리가 습관을 만들지만 그다음에는 습관이 우리를 만든다."라고 말했습니다.

TVN 다큐멘터리 〈손세이셔널〉에서 손흥민 선수는 우리나라 최고의 선수가 되어 영국 프로리그에서 활약하고 있는 지금도 아버지와 함께 곁눈질을 하며 패스 연습을 합니다. 〈코리안 몬스터〉에서

오늘의 득템

아리스토텔레스는 고대 그리스의 철학자입니다. 플라톤의 제자이자 알렉산더 대왕의 스승이기도 합니다. 물리학, 형이상학, 시, 생물학, 동물학, 논리학, 수사학, 정치, 윤리학, 도덕 등 다양한 주제로 책을 저술했습니다. 소크라테스, 플라톤과 함께 고대 그리스의 가장 영향력 있는 학자였으며, 그리스 철학이 현재의 서양 철학의 근본을 이루는 데에 이바지했다고 평가됩니다.

존 드라이든은 영국 왕정복고기를 대표하는 문인입니다. 처음에는 크롬웰의 공화정치를 지지하였으나 왕정복고와 더불어 왕당파가 됩니다. 셰익스피어 작품에 대한 정확한 비평으로 이후 100년간에 걸쳐 '영국 비평의 아버지'라고 불렸습니다.

류현진 선수는 매일 공을 던지고 하드 트레이닝을 하면서 실전 감각을 유지합니다. 위기의 순간에도 당황하지 않고 연습한 대로 플레이하기 위해서죠. 두 선수는 정점을 찍은 이후에도 기본적인 훈련을 빼먹지 않습니다. 이미 습관이 되었으니까요. 두 선수의 일상에서 백만 번 넘게 훈련을 반복한 잔상이 보였습니다. 반복은 최고를 꿈꾸게 합니다. 그리고 최고의 자리를 유지하는 단 하나의 방법입니다.

생각 당하는 인생에서 생각하는 인생으로

생각하는 여유를 잃어버린 10대

여성가족부와 통계청에 따르면 2020년 청소년 4명 중 3명은 주 평균 6.5시간을 사교육에 씁니다. 초·중·고교생의 47.3퍼센트는 평일 정규 수업 시간을 제외하고 평균 3시간 이상을 따로 공부하고요. OECD는 매년 한국 청소년의 공부 시간은 상위권이고, 수면시간은 하위권이라는 통계를 배포합니다.

우리나라 학생들, 정말 공부 많이 하죠. 공부를 하지 못해 죽은 귀신이 붙은 양 공부를 합니다. 학교에서, 학원에서, 그리고 집에서 교과서와 참고서를 읽습니다. 공부는 MMORPG 게임처럼 끝이 없습니다. 아무리 해치워도 시간이 지나면 부활하는 몬스터처럼 공부하고 공부해도 또 공부할 게 생깁니다. 배움에는 끝이 없다더니 공부는 정말 끝이 없습니다. 시험이 끝나면 또다시 다음 시험을 준비합니다. 숙제, 쪽지 시험, 과제를 하다 보면 어느덧 학년이 올라갑니다. 학년은 바뀌었지만 지난해 했던 일을 그대로 되풀이하는 게 함정이죠.

공부라면 어느 나라에도 뒤지지 않을 것 같은 우리나라 10대들. 머리는 잘 쓰지만 생각하는 것은 익숙하지 않습니다. 기출문제는 누구보다 잘 풀지만 이런 문제가 나오게 된 원리는 모릅니다. 영어 단어 암기는 기가 막히게 하지만 왜 암기해야 하는지는 생각하지 못합니다. 시험에 나온다니까, 중요하다고 하니까 문제 풀이를 연습하고 영어 단어를 외워요. 교사가 하는 말은 일단 고개를 끄덕이고 보고요. 모르는 것을 물어볼 여유는 없습니다. 주어진 일들을 하기에도 바쁜 터라 무언가를 스스로 생각한다는 게 오히려 사치스럽게 보입니다. 그러다 보니 어느덧 생각하는 방법을 잊어버린 것 같습니다. 주체적으로 생각하고 결정한 게 언제이던가 가물가물합니다.

생각은 질문을 **부른다**

프랑스의 시인이자 철학자 폴 부르제는 "용기를 내어 당신이 생각하는 대로 살아야 한다. 그렇지 않으면 머지않아 당신은 사는 대로 생각하게 된다."라고 지적했습니다. 생각이 중요한 이유는 생각을 통해서만 나를 변화시키고 보다 나은 삶으로 전진할 수 있기 때문이죠. 생각을 해야 변화하고자 하는 마음이 생기고, 변화하고자 하는 마음이 들어야 어떤 행동을 시도하고 실천할 수 있습니다. 스스로 몸을 움직이기 위해서는 먼저 마음이 동해야 합니다.

생각은 질문을 부릅니다. 어떤 사물이든지 골똘히 관찰하고 생각하면 궁금한 게 생기기 마련입니다. 더운 여름철 매미는 왜 나무에 매달려 있는 걸까요? 스마트폰은 왜 사각형일까요? 내 방에 먼지는 왜 쌓이는 걸까요? 등 생각과 질문은 동시에 따라 나옵니다. 어떤 질문이든지 잠시라도 생각했기 때문에 떠오르는 것입니다. 그렇게 질문은 다시 생각을 부릅니다. 어떤 현상에 대해서 생각하지 않고 있는 그대로 받아들이면 궁금증이 생기지 않습니다. 수학 문제를 풀면서 "왜?"를 생각하지 못하는 이유는 틀리지 않는 것에 초점을 두기 때문이에요. 문제를 맞히는 것보다 "왜?"를 생각해야 합니다.

천재의 상징 아인슈타인은 말했습니다. "우리는 질문을 멈추지 않아야 한다. 호기심은 존재 이유가 있다. 현실의 놀라운 구조와 신비를 깊이 생각해보면 누구든 경외감에 휩싸인다. 날마다 이런 신비를 조금이라도 이해하려 한다면 하루를 잘 살았다고 할 수 있다. 신성한 호기심을 잃지 말자."

우리나라 최고의 바둑 명인 조훈현 기사는 저서 『조훈현, 고수의 생각법』에서 생각과 질문의 중요성을 강조합니다. "왜? 라는 질문이 떠오르는 순간이야말로 지금보다 나아질 기회가 찾아온 때다. 이 기회를 그냥 흘려보내서는 안 된다. 집중하여 생각해야 한다. 모든 것에는 반드시 근본적인 이유가 있으며 반드시 더 나은 방법이 존재한다." "단단한 자아는 거저 얻을 수 없다. 스스로 생각하는 습관과 자기 성찰, 깊이 있는 사고를 통해서만 얻을 수 있다. 어디 가서도 눈치 보지 않고, 자신의 소신을 당당하게 밝히고 신념대로 행동하는 사람. 그런 사람이 되려면 스스로 생각할 줄 알아야 한다."고 덧붙였습니다.

나의 생각이 나의 가치를 결정한다

질문하고 생각하는 방법은 의외로 간단합니다. 마음만 먹으면 누구나 할 수 있습니다. 대표적인 방법으로 일본 자동차 기업 도요타의 '5-Why 기법'을 소개합니다. 5-Why는 생각의 꼬리를 물고 근원에 이르기까지 물음을 반복하는 방법인데요. 기업 경영, 임직원 역량 향상에 사용되고 있지만 생활 전반에 활용하기 좋은 방법입니다. 시험공부를 예로 들어봅시다.

질문 ① 왜 시험공부를 해야 하는가?

답변 ① 좋은 성적을 거두기 위함이다.

질문 ② 왜 좋은 성적을 거둬야 하는가?

답변 ② 좋은 성적을 거둬야만 좋은 대학교에 들어갈 수 있기 때문이다.

질문 ③ 왜 좋은 대학교에 들어가야 하는가?

답변 ③ 좋은 대학교를 졸업해서 좋은 기업에 취직하기 위해서다.

질문 ④ 왜 좋은 기업에 취직해야 하는가?

답변 ④ 좋은 기업에 취직해야 돈을 많이 벌 수 있다.

질문 ⑤ 왜 돈을 많이 벌어야 하는가?

답변 ⑤ 돈을 많이 벌어야 하고 싶은 것을 하고 행복할 수 있기 때문이다.

질문 ①과 답변 ⑤를 연결하면 시험공부를 하는 이유는 돈을 많이 벌어서 하고 싶은 것을 하고 행복하기 위해서라는 결론이 나오네요. 우리가 공부를 안 하고 있으면 부모님께서 다가와서 "커서 뭐해서 먹고살려고 그러니, 얼른 공부해!"라고 하는 데는 이유가 있었습니다(!) 부모님은 질문 ①에서 답변 ⑤까지를 경험적으로 인지하고 있었던 것이죠. 물론 공부의 궁극적인 목적은 자기계발이고 현실적인 성공은 부수적으로 따라오는 겁니다. 시험공부라는 알기 쉬운 예시를 들어 질문과 답변이 반복된 구조를 설명하는 데 참조한 것으로 이해하기 바랍니다.

질문은 어떤 것이든 상관없어요. 고차원적일 필요도 없어요. "왜 게임을 좋아하는지?" "왜 게임을 두 시간만 해야 하는지?" "왜 밥을 제때 먹어야 하는지?" "왜 우리 엄마는 드라마를 좋아하는지?" 아무 질문이나 괜찮습니다. 질문에 대한 답변은 사람마다 다를 거예요. 당연히 정답은 없습니다. 행위 자체에 의미가 있어요. 이렇게 질문과 답변을 거듭하는 과정을 통해 나만의 생각을 정리할 수 있습니다. 왜 이렇게 행동하는지 돌아볼 수 있고 변화의 필요성을 깨달을 수 있어요. '5-Why' 기법이라고 해서 꼭 다섯 번만 질문, 답변을 할 필요는 없습니다. 세 번만 해서 끝난다면 세 번만 해도 되고 열 번을 해도 끝이 보이지 않는다면 열한 번 해도 됩니다. 게임을 하더라도, 공부를 하더라도 왜 하는지 알고 하면 엄지 척이죠.

〈1박 2일〉〈꽃보다 청춘〉〈삼시세끼〉를 연출한 나영석 PD는 생각의 중요성을 이야기합니다. 그는 『10대, 우리들의 별을 만나다』에서 "자기가 원하는 것을 찾도록 끊임없이 노력해야 한다. 내가 원하는 것이 무엇인지, 잘하는 것은 무엇인지 지속적으로 생각하고, 묻고, 다양한 경험을 통해 알아가야 한다. 자기가 잘하는 것을 발견하고 거기에 온 힘을 다해 매진하면 성공은 따라올 것이다."라며 인생 후배들에게 귀띔했습니다.

4차 산업을 일컬어 지식정보 산업이라고 합니다. 고도의 사고를 요구하는 일을 할 수 있는 사람은 웃돈을 받고 직장을 이리저리 옮길 것이고, 아무나 할 수 있는 일을 하는 사람은 로봇에게 일자리를 빼앗길지도 모릅니다. 어떤 생각을 할 수 있느냐에 따라 나라는 사람의 가치는 달라집니다. 사는 대로 생각할 것인가요, 생각하는 대로 살 것인가요?

나는 내 삶의 총사령관

서툴어도 스스로 선택하고 결정하라

갈대가 바람에 흔들립니다. 앞으로도 휘고, 옆으로도 휩니다. 거센 바람에 자칫 뒤로 꺾이지는 않을지 걱정이 됩니다. 가을 길에 무성하게 자라난 갈대숲을 보면 장관도 이런 장관이 따로 없습니다. 갈대는 바람에 따라 다 함께 이리저리 흔들리며 아이돌 가수 못지않은 군무를 선보입니다.

흔들리는 갈대, 마치 우리의 모습을 보는 것 같습니다. 우리의 몸과 마음도 갈대처럼 흔들립니다. 선생님이 중요한 부분이라고 하면 중요한 이유를 생각할 겨를도 없이 밑줄을 긋고 동그라미를 칩니다. 정해진 시간표에 따라 수업은 진행되고 책상 위에 놓인 교과서는 시간에 따라 달라집니다. 부모가 이 학원 선생님이 가장 잘 가르친다고, 꼭 여기를 가야 한다고 말하면 군말 없이 고개를 끄덕이죠. 일어나라고 하면 잠에서 깨고, 학원에 가라고 하면 가방을 메고, 밥을 먹으라고 하면 숟가락을 듭니다.

이렇게 보니 참 팍팍합니다. 우리는 직접 무언가를 선택하고, 결정하지 못하는 환경에 익숙해졌습니다. '우리의 삶은 기성세대가 깔아놓은 비단길만 걸어가면 되는 걸까?' '부모가 바라는 대로 행동하기만 하면 정말 괜찮은 걸까?' 고민하다가도 이내 '이런 생각 한다고 뭐가 바뀌겠어.'라고 고개 저으며 못 이기는 척 어른들이 이끄는 대로 따라갑니다.

10대는 어린이와 성인 사이를 연결하는 디딤돌이며 몸과 마음의 독립을 준비하는 시기입니다. 독립은 다른 말로 자립이기도 합니다. 남에게 의지하지 않고 두 발로 서는 연습을 해야 합니다. 주어진 환경 속에서 최대한 스스로 의사 결정을 하고 선택하기 바랍니다. 사소한 일이라도 직접 생각하고, 계획을 구상하고 행동에 옮긴 후 결과에 책임을 지는 10대가 돼야 합니다. 성인이 되었을 때 미처 독립을 준비하지 않았다고 당황하지 않도록 말이죠.

대학 전공 선택이 후회로 남은 이유

저는 학창 시절 프로게이머가 되는 것 이외에 다른 미래는 생각하지 못했습니다. 다른 일들에 대해서는 부모의 뜻에 따랐지만 신기하게도 게임에 관해서는 고집을 부리고 주도적으로 의사결정을 했습니다. 수업이 끝나면 PC방에 가고, 주말에는 밤을 새우기도 하고, 학교를 조퇴하고 결석하면서까지 온라인, 오프라인 대회에 참가했습니다. 그러나 게임 말고는 볼 줄 아는 게 하나도 없는 아마추어였습니다. 프로게이머를 언제까지 할 수 있을지, 프로게이머를 그만둔 뒤에는 무엇을 해야 할지, 어떤 성향의 일을 좋아하는지 고민하지 않았어요. 게임하는 데만 몰두해서 나의 정체성과 미래에 대해 헤아리지 못했습니다.

프로게이머의 길은 멀고도 험하다.

고등학교 수험생활을 마치고 대학교에 입시 원서를 제출해야 하는 시기가 됐습니다. 지원할 수 있는 대학교와 학과는 합쳐서 총 세 군데였어요. 게임을 좋아했기에 컴퓨터공학과로 진학하고 싶었습니다. 당시 컴퓨터공학과는 공대 중에 가장 인기가 많았고 선호도를 증명하듯 입학하기 위해서는 높은 점수가 필요했죠. 수능 점수와 입학할 수 있는 대학교를 대조하면서 안전하다고 판단한 학교에는 컴퓨터공학과를 지원했습니다. 나머지 두 군데는 수능 점수 대비 조금 목표를 높게 잡고 상대적으로 인지도가 높은 대학교의 화학공학과와 기계공학과를 지원했습니다. 컴퓨터공학과를 지원하기에는 점수가 부족했습니다. 화학공학과는 컴퓨터 다음으로 좋아하는 분야였기에 지원했고, 기계공학과는 부모님께서 취업이 잘된다고 추천하셔서 지원했습니다. 다행히 운 좋게 세 군데 모두 합격했고 부모님의 권유에 따라 기계공학과에 입학했습니다. 컴퓨터를 제일 좋아했고 그다음 화학을 좋아했지만 별생각 없이 기계공학과에 입학했어요. 기계공학이 뭔지도 몰랐어요. 기계를 손보는 일이겠거니 생각했습니다. 앞으로 어떤 공부를 하게 되는지, 졸업 후에는 무슨 일을 하는지, 엔지니어의 역할을 알지도 못한 채 부모님의 뜻에 따랐습니다. 그때까지만 해도 10년 후의 미래에 대해서 전혀 생각하지 않았습니다. 입학하는 즉시 휴학계를 내고 서울에 가서 게임에 전념할 생각밖에 없었어요. 빨리 게임을 하고 싶었어요. 진로를 고민하는 게 귀찮았고 고민한들 미래가 잘 그려지지 않을 것 같았습니다.

지나고 나서 돌이켜보니 이 순간이 후회가 됩니다. 기계공학이 어렵거나 싫어서 그런 것은 아닙니다. 기계공학 공부는 나름 적성에 잘 맞았고 대학 생활도 행복했습니다. 학점도 잘 받았습니다. 취업도 원하는 대로 잘했고 부모님의 기대에도 부응했습니다. 그러나 이때가 후회로 남은 이유는 대학교 전공 선택이 앞으로 살아갈 인생의 대부분을 차지하는 매우 중요한 일임에도 불구하고 적극적으로 고민하고 주도적으로 결정하지 않았기 때문이에요. 앞으로 어떤 직업을 갖고 어떤 일을 하게 될 것인지, 이 분야의 일은 내 성격과 맞을지, 기계공학은 어떤 학문인지 며칠만 고민했다면 같은 선택을 해도 후회는 남지 않았을 겁니다.

삶의 주인이 되기 위해 스스로 고민하고 결정하라

『중학생 기적을 부르는 나이』의 저자 박미자 선생님은 이렇게 말합니다. "사람이 행복해지기 위해 필요한 최우선 능력은 무엇일까요? 자기 앞에 놓인 문제들에 대해 자기 스스로 결정하는 능력입니다. 스스로 선택하고 결정하는 능력이 없는 사람은 아무리 시간이 지나도 행복을 맛보기 힘듭니다. 사람의 행복은 성취감과 자신감, 자존감과 직결되는데, 타인의 결정에 따르는 것만 반복한 사람은 그런 부분을 발달시킬 수가 없기 때문입니다. 결정력이 미성숙한 사람은 늘 남에게 의존해서 살아가려 하며, 그렇기에 항상 불안합니다. 자신을 존중하기 위해서는 자신의 일을 스스로 해결하는 과정이 반드시 필요합니다."

대학교 전공 선택 같은 중대한 일이 아니더라도 하루하루 소소한 일상에서 내가 할 일을 선택하고 결정해보면 어떨까요? 부모가 기상 시간을 정해서 깨워지는 게 아니라 내가 일어날 시간을 정해서 일어나도 좋고, 오늘 해야 할 게임과 공부의 양을 계획해도 좋습니다. 하물며 빨간 펜으로 밑줄을 긋지 않고 파란 펜으로 밑줄을 그어도 좋아요. 스스로 고민하고 결정하는 과정을 통해야만 삶의 주인이 되어 자립할 수 있는 근육을 키울 수 있습니다. 우리는 우리 삶의 지휘자이자 총사령관이 되어야 합니다. 갈대는 바람에 흔들릴지언정 뿌리 뽑히지는 않습니다. 우리도 답답한 삶에 휘둘리고 있지만 마음 깊은 곳에 충분한 잠재력을 갖고 있습니다. 바람의 방향을 거슬러 우뚝 설 수 있느냐 없느냐는 우리가 어떤 마음을 먹고 결정하느냐에 달려있습니다.

10대, 책으로 내면을 다듬는 시기

책, 내 마음 근육을 살찌게 한다

『습관의 말들』의 지은이 김은경 편집자는 해외여행이나 출장을 가는 이가 혹시라도 뭘 사다 줄까 하고 물으면 꼭 그 나라의 책갈피를 부탁한다고 합니다. 인쇄소에서 막 출고된 신간의 종이마다 냄새가 다르다며 책에 대한 관심과 애정을 보여줍니다. 잉크 냄새와 종이 고유의 냄새, 제본할 때의 접착제 냄새가 어우러져서 그 책만의 고유한 냄새가 된다고 하는데요. 저자의 생각에 한마디 덧붙여본다면 책의 내용에 따라서도 다른 냄새가 날 수 있다고 생각합니다. 따뜻한 위로를 전하는 책도 있고 얼음처럼 차가운 조언을 하는 책도 있죠. 책을 쓰는 사람이 모두 다르듯 책이 전하는 냄새가 다른 것은 당연한 일인지도 모르겠습니다.

우리는 학창 시절을 책과 함께 보냅니다. 교과서, 참고서, 자습서 역시 쉽게 인정하기 싫지만 분명 책입니다. 필기를 하고 문제를 풀이한 노트와 연습장도 하나의 책이죠. 사물함에는 여러 과목의 교과서가 나란히 세워져 있고 가방 속에도 그날 공부해야 할 책과 노트가 들어 있습니다. 학원에서도 문제집을 펼치고 집에서도 문제풀이 해설서를 살펴봅니다.

이런 책에 지식은 가득하지만 안타깝게도 나라는 존재는 없습니다. 근의 공식을 쓰면서 삶의 정답을 찾을 수는 없고, 작용과 반작용 법칙을 공부하면서 내면을 성찰하기는 힘듭니다. 그래서 책이라고 하면 교과서보다는 소설책이나 자기계발서가 먼저 떠오르나 봅니다. 수학능력시험이 끝난 다음 날 학교에서는 책거리라는 행사를 진행했습니다. 저는 친구들과 함께 이제껏 공부했던 교과서와 공책을 모두 교실 바깥으로 던져버렸습니다. 한 시간이 지나지 않아 책이 산처럼 쌓였습니다. 교실에 그렇게 많은 책이 수납되어 있는 줄 몰랐습니다. 그렇게 그동안 쌓였던 학업 스트레스와 머릿속 지식들까지 함께 날려버렸어요. 만일 이제껏 지겹도록 봤던 책이 제 삶에 영향을 준 소중한 보물이었다면 그렇게 쉽게 처분하지는 못했을 겁니다.

참 바쁜 하루하루지만 가끔은 지식 함양이 목적이 아닌 나를 목적으로 하는 책을 읽었으면 좋겠습니다. 교과서처럼 딱딱한 궁서체로 가득한 책이 아닌 제목에 이끌려 나도 모르게 손이 가는 책, 부모님의 서재에서 우연히 만난 순간 심장을 두근거리게 만드는 책, 샴푸처럼 좋은 향기가 나는 책을 말입니다.

책은 다른 사람의 경험에 빗대어 온전히 나를 생각해볼 수 있는 시간을 줍니다. 내가 바른길로 가고 있는지, 내 생각이 편협했던 것은 아닌지, 더 나은 삶의 방향이 있는지 돌아보게 하죠. 미처 떠올리지 못한 신선한 아이디어도 책을 통해 얻을 수 있습니다. 무엇보다 새롭게 변화하려고 하는 의지를 굳건하게 만들고 마음을 부여잡는 힘이 있습니다.

오늘의 득템

글방 따위에서 학생이 책 한 권을 다 읽어 떼거나 다 베껴 쓰고 난 뒤에 선생과 동료들에게 한턱내는 일을 이릅니다. 조선 시대 서당에서는 학동이 책 한 권을 완벽하게 이해했다고 판단되면 '책거리'라는 행사를 치렀습니다. 책거리는 하나의 책을 다 뗀 학동에 대한 축하를 하는 한편, 그를 가르친 훈장의 노고에 감사를 올리는 소박한 행사의 하나였죠. '책씻이' '세책례(洗冊禮)' '책세식(冊貰式)' '책례(冊禮)' '괘책례(掛冊禮)'라고도 불렀습니다. '책씻이'라고 하는 것은 종이가 모자라던 옛날에 학생이 책을 다 떼고 나면 물에 씻어 새로 사용하였기 때문이고, '책거리'라고 하는 것은 책을 말리기 위해 물이 빠지게끔 걸어두었던 것에서 비롯된 명칭이라고 합니다.

드라마 〈나의 아저씨〉에서 건축구조기술사 역할을 맡은 배우 이선균은 건축물과 인생을 담담히 비유합니다. "모든 건물은 외력과 내력의 싸움이야. 바람, 하중, 진동, 있을 수 있는 모든 외력을 계산하고 따져서 그것보다 세게 내력을 설계하는 거야. 인생도 어떻게 보면 외력과 내력의 싸움이고 무슨 일이 있어도 내력이 있으면 버티는 거야." 대사가 전하는 울림과 배우의 감정이 더해져서 그 장면이 오랫동안 여운으로 남았습니다. 그의 말처럼 내력을 키우기 위해서 우리는 책을 읽는 것이 아닐까요?

책 읽기는 마음에 편안한 쉼표를 준다

고등학교 3학년생이 쓴 『나는 공부 대신 논어를 읽었다』는 책의 의미에 대해 다시금 생각하게 합니다. 저자인 김범주 군은 주변에서 볼 수 있는 평범한 학생입니다. 초등학교 때까지는 공부를 그럭저럭 잘한다고 생각했는데 중학교에 들어와서 본 첫 시험 점수가 기대에 한참 못 미쳐 큰 충격을 받습니다. 평균에 못 미치는 성적표를 받고 낙담한 저자는 당시의 심경을 이렇게 묘사합니다. "중학교 때 성적은 바닥이었다. 나의 자존감은 어디에도 없었다. 공부를 못하니 기펴고 살기 어려운 것이 우리나라 학생들의 현실이다. 누가 뭐라 하는 것도 아닌데 괜히 주눅 들었다. 공부 잘하는 친구들이 부러웠다. 학교에서는 선생님 앞에서, 집에서는 부모님 앞에서 당당할 수 없었다. 공부만이 절대적인 가치라고 인정받는 우리 사회에서 성적이 좋지 못하면 생활하기 힘들고 불편하다. 나는 주위 친구들이 하는 공부 이야기에 끼어들지 못했고, 그들이 나누는 대화를 옆에서 묵묵히 듣기만 했다. 공부 잘하는 친구들이 우월해 보였다. 난 상대적으로 열등하게 느껴졌다. 자존감도 잃고 공부에 대한 의욕까지 잃은 채 게임만 좋아하는 학생으로 변했다."

열등감과 패배의식으로 가득한 저자를 변하게 한 것은 아버지를 따라 어쩌다 참가한 독서모임이었습니다. 최연소 참가자로서 책을 읽고 본인의 생각을 발표하는 과정을 통해 자존감을 회복하고 자기만의 소신을 갖게 되는데요. 이후 다양한 독서 프로그램에 참여하면서 내면을 가다듬습니다. 그는 책읽기의 가장 큰 성과가 '내 생각이 생긴 것'이라고 말합니다. 주관이 뚜렷해지니 학업 성적에도 연연하지 않게 되었다고 부연합니다. 저자가 추천하는 논어 필사는 마흔이 다 되어가는 저도 감히 시도하지 못한 일입니다. 필사는 책의 내용을 그대로 따라 쓰면서 책의 내용을 나의 것으로 만드는 작업입니다. 정말 대단하죠? 『논어』 「위정편」에서 공자는 40세를 불혹(不惑)이라고 했습니다. 세상일에 정신을 빼앗겨 갈팡질팡하거나 판단을 흐리는 일이 없게 되었음을 뜻합니다. 세상의 모든 일에 혹하는 저로서는 저자의 독서 습관이 놀랍다 못해 위대하게 느껴졌습니다.

소크라테스는 "다른 사람의 글을 읽음으로써 자신을 발전시키는 데 시간을 사용해라. 그렇게 하면 다른 사람이 열심히 노력해서 얻은 것들을 조금이라도 쉬운 방법으로 얻을 수 있다."라고 말했습니다. 르네 데카르트는 "좋은 책을 읽는 것은 과거의 훌륭한 선인들과 대화를 하는 것과 같은 것이다."라는 말을 남겼고요. 프랜시스 베이컨은 "책을 읽는 것은 논쟁이나 오류를 찾기 위한 것도 아니고, 읽는 그대로 믿고 당연한 것으로 받아들이기 위한 것도 아니고, 대화의 화제를 만들기 위한 것도 아니다. 책을 읽는 진정한 이유는 깊이 생각하기 위해서다."라고 말했습니다.

책처럼 좋은 자극제는 없다.

책은 삶이라는 문장에 가벼운 쉼표를 가져다줍니다. 쉼표라는 의자 위에 앉아 호흡을 가다듬고 다음 문장을 이어나갈 준비를 하는 귀중한 시간입니다. 바쁘게 흘러가는 세상 속에서 사람들은 바로 옆에 무엇이 있는지 잊은 채 살아갑니다. 옆 친구가 무엇을 하고 있는지, 엄마, 아빠는 무슨 고민을 하는지 들여다볼 작은 여유도 없습니다. 심지어 나조차 돌아볼 시간이 없는 각박한 세상이지만 시간과 용기를 내서 책을 들여다보기 바랍니다. 내면의 단단함과 생각의 힘은 쉼표로부터 자라납니다.

말하는 대로 이루어진다

국민MC 유재석을 만든 말의 힘

개그맨 유재석은 예능프로그램 〈무한도전〉 가요제 프로젝트를 진행하면서 가수 이적과 함께 노래를 만들었습니다. 그는 9년 동안의 힘겨웠던 무명생활과 성공한 자신을 되돌아보면서 노랫말을 썼죠. 그리고 말하면 이루어진다는 노래 〈말하는 대로〉를 시청자 앞에 선보였습니다. 〈말하는 대로〉가 청년들에게 위안을 줄 수 있었던 이유는 서정적인 멜로디와 그의 자전적인 가사가 큰 역할을 했지만, 무엇보다 무명시절을 이겨내고 지금까지 대중에게 보여준 삶 때문이었습니다. 그는 과거 한 프로그램에서 셀프카메라를 찍었는데 그때 한 말은 지금 봐도 가슴을 뭉클하게 합니다. "오랜 무명생활 끝에 이제야 이름을 알리고 있다. 나를 힘들게 하는 것은 경제적인 어려움이 아니었다. 연예인이 왜 텔레비전에 나오지 않느냐는 말을 들을 때 가장 힘들었다. 뜨고 나서 변하는 사람을 많이 봤다. 나는 절대 뜨고 변하지 않겠다. 약속한다." 그는 최고의 자리에 오른 다음 10년이 넘도록 약속을 지키고 있습니다. 덕분에 우리는 오랫동안 건강한 개그를 보면서 위로를 받고 있습니다. 힘든 상황에서도 꿈을 잃지 않고, 성공한 후에 담담히 노래하는 그의 모습은 깊은 감동을 줍니다.

흔히 말이 씨가 된다고 하죠. 무심코 내뱉은 말은 행동에 영향을 미칩니다. 사람은 긍정적인 말을 하면 점점 긍정적으로 변하고 부정적으로 말하면 점점 부정적으로 변합니다. 긍정과 부정을 손바닥 뒤집듯이 오가는 사람은 없습니다. 긍정적인 사람은 매사에 긍정적이고 그가 하는 말에는 따뜻함이 묻어납니다. 부정적인 사람은 모든 일에 부정적이고 그가 하는 말에는 상대의 기분을 언짢게 만드는 거북함이 느껴지죠. 삶을 변화시키고 밝은 사람이 되고 싶나요? 긍정적인 말을 하고 긍정적으로 행동하면 됩니다.

붕어빵 틀에서는 붕어빵만 나온다

2016년 리우데자네이루 올림픽, 펜싱 에페 종목 국가대표 박상영 선수는 결승전에서 10대14로 지고 있는 순간에도 "할 수 있다. 할 수 있다. 할 수 있다."고 읊조렸습니다. 경기의 규칙상 선수들이 동시에 찌르기에 성공하면 두 선수 모두 점수를 얻습니다. 상대방이 먼저 한 점을 더 획득해 15점이 되면 경기는 끝나는 상황이었습니다. 박상영 선수가 승리하려면 내리 다섯 번을 혼자서 득점해야 했어요. 한 번이라도 지거나 동시에 타격하면 게임은 그대로 끝이었습니다. 아무도 이길 것이라고 기대하지 않았습니다. 중계진의 목소리에는 힘이 없었죠. 그러나 박상영 선수는 홀로 할 수 있다고 기도하듯 되뇌며 자신을 컨트롤했습니다. 그리고 한 점, 두 점 따라붙었습니다. 캐스터의 목소리는 떨리기 시작했고 곧 괴성에 가까운 환호로 바뀌었습니다. 10대 14에서 15대 14로 말도 안 되는 역전승을 이루어냈습니다. 말 그대로 말도 안 되는 일을 실제로 해낼 수 있었던 이유는 말도 안 되는 일임에도 불구하고 할 수 있다는 말을 내뱉었기 때문입니다. 이 경기는 이후 숱한 화제를 불러 모았고 말의 강력한 에너지에 대해 생각하게 해주었습니다.

미국 실리콘 밸리 투자자 데이브 아스프리는 저서 『최강의 인생』에서 이렇게 말합니다. "프레젠테이션을 시작하기 전, 오늘 하루 정말 운이 좋다고 믿는다면 실제로 당신에게 행운이 있는지 없는지는 더 이상 중요하지 않다. 운이 좋다고 믿는 신념 덕분에 자신감이 생겨 프레젠테이션도 훨씬 잘 진행할 테니까. 이는 플라시보 효과와 유사하다. 자신에게 들려주는 이야기를 이성이 담당하는 뇌가 사실로 인식하든 아니든 그것은 중요하지 않다. 이 이야기가 사실이라고 믿는 단순한 시스템을 내 안에 구축하는 것이 중요하다. 그러면 이 시스템이 자동반사적으로 내가 믿는 것을 현실로 만들어줄 것이다."

말을 하기 위해서는 우선 의식적으로든 무의식적으로든 할 말을 떠올려야 합니다. 떠올리지 못하는 것을 말로 표현할 수는 없습니

오늘의 득템

자연현상의 물질의 상태 또는 에너지 변화 방향을 설명합니다. 사과는 나뭇가지에서 땅으로 떨어지고, 뜨거운 물은 시간이 지나면 차가워집니다. 인위적인 에너지를 투입하지 않는 이상 반대로 되지 않습니다. 열역학에서는 이를 '엔트로피가 항상 커진다.'라고 표현합니다.

시간과 공간이 관측자에 따라 상대적이라는 이론입니다. 운동하는 좌표계의 시간은 느려지고 길이는 짧아집니다. 질량과 에너지는 같고 그 어떤 물리적 신호도 빛의 속도를 능가할 수 없다는 것이 밝혀졌습니다.

원자 단위 아래의 소립자 등 미시 세계와 그러한 시스템에서 일어나는 현상을 탐구하는 현대물리학의 한 분야입니다. "양자역학을 연구하면서 머리가 어지럽지 않은 사람은 그걸 제대로 이해하지 못한 겁니다."라는 닐스 보어의 말처럼 심오한 이론입니다.

다. 클라우지우스(Rudolf Julius Emanuel Clausius, 1822~1888)의 엔트로피, 아인슈타인(Albert Einstein, 1879~1955)의 상대성 이론, 닐스 보어(Niels Henrik David Bohr, 1885~1962)의 양자역학에 대해 말할 수 있나요? 물리에 대한 지식이 깊지 않으면 머릿속에 할 말을 떠올릴 수 없습니다. 말은 사고의 틀에서 나오기 때문입니다. 붕어빵 틀에서는 붕어빵만 나오고 국화빵 틀에서는 국화빵만 나옵니다. 무지개 빵을 만들고 싶으면 무지개 틀을 준비해야 합니다. 붕어빵, 국화빵 틀로 무지개 빵을 만들 수는 없죠. 그래서일까요. 정신분석학의 아버지라 일컬어지는 지그문트 프로이트(Sigmund Freud, 1856~1939)는 "사람의 말에는 실수가 없다."고 말했습니다. 어떤 말이든 우리가 생각하고 있는 것이 입 밖으로 나오는 것이죠.

입으로 선포하고 손으로 기록하라

생각은 말로 이어지고 말은 행동으로 연결되어 삶을 변화시킵니다. 좋은 생각을 했으면 말을 해야 합니다. 글로 쓰면 더 좋습니다. 말을 하면서 동시에 글까지 쓰면 더 오래 기억에 남습니다. 그렇게 직접 쓴 글을 수시로 볼 수 있는 곳에 붙여 봅시다. 다른 사람에게 선포하면 더욱 좋아요. 말이 안 되는 것이라도 관계없고 자신에게 거짓말을 하는 것이라도 상관없어요. "이번 시험에 평균 점수를 10점 높이겠다." "한 달에 소설을 세 권 읽을 것이다." "게임은 집에서만 할 것이다." "일주일에 두 번 운동을 할 것이다." 아무거나 좋습니다. 일단 말하고 글로 쓰면 그렇게 행동하는 힘을 얻을 수 있습니다.

목표를 말하고, 글로 쓰고, 남에게 이야기하기란 무척 쑥스러운 일이에요. 저도 이번 책을 집필하면서 목표를 글로 썼습니다. 서점에 가서 마음에 드는 노트를 사고 사람들이 책을 보는 테이블 사이에 껴서 혼자 눈을 감고 어떤 목표를 이룰지 상상했어요. 그리고 집에서 가지고 온 펜을 꺼냈습니다. "이 원고는 책이 되어 수많은 10대들에게 선한 영향력을 미치는 책이 될 것이다……." 서점에 와서 책은 안 읽고 중얼거리며 글을 쓰고 있다니, 주변 사람들은 저를 이상한 눈으로 바라봤을 거예요. 처음에는 얼굴이 붉어지고 못내 부끄러웠지만 띄엄띄엄 목표를 쓰고 나니 기분이 한결 후련해지고 알 수 없는 에너지가 생기는 것 같았습니다. 단지 글만 썼을 뿐인데도 목표가 이미 이루어진 것 같았죠. 쑥스러움을 이겨내고 글을 쓴 자신이 대견스러웠습니다. 아직도 망설이고 있다면 일단 펜을 들고 아무거나 이루고 싶은 것을 생각나는 대로 써봅시다.

소년만화 『슬램덩크』의 주인공 강백호는 농구 실력은 바닥이지만 누구에게도 기죽지 않습니다. 도내 최고의 선수든, 국내 최고의 선수든, 자신의 라이벌이든 상관없이 끈질기게, 그리고 저돌적으로 달려들죠. 그를 풋내기라고 생각했던 상대들은 자기의 판단에 착오가 있었다는 것을 깨닫고 강백호를 한 명의 농구 선수로 인정합니다. 만화의 마지막 장면에서 강백호는 최정상의 선수들과 비등하게 경기를 한 끝에 결국 승리를 거둡니다. 강백호가 입버릇처럼 한 말은 무엇일까요? 그는 어떤 상황에서도 활짝 웃으며 이렇게 말했습니다. 그리고 최고가 되었습니다.

"나는 천재니까."

최고의 동기부여는 셀프 동기부여

나를 성장시키는 마음가짐과 실천

이번 장에서 지금까지 나누었던 이야기들은 끈처럼 서로 연결되어 있습니다. 생각은 실천으로 이어지고 실천은 사소한 변화로부터 시작됩니다. 변화의 반복은 습관으로 이어져 무의식의 한 편에 자리 잡습니다. 성공 경험은 새로운 목표를 부르고 또다시 새로운 시작으로 이어집니다. 선순환이 계속 되풀이되면서 우리의 삶은 점차 무르익습니다.

생각 ⇨ 실천 ⇨ 변화 ⇨ 반복 ⇨ 습관으로 이어지는 연결고리는 독서와 믿음으로 단단해집니다. 중간에 하나만 빠져도 주도적인 삶을 살 수 없어요. 생각만 하고 실천하지 않으면 변하지 않습니다. 시작은 했지만 반복하지 않으면 일회성으로 끝나고 말겠죠. 책을 읽지 않으면 내면의 힘을 기를 수 없고 생각의 폭을 확장할 수 없습니다. 이 모든 일을 하는 데 할 수 있다는 믿음이 없다면 효과는 반감됩니다. 미세한 톱니바퀴가 정교하게 맞물려 작동하는 고급 손목시계처럼 우리는 생각부터 믿음까지 하나로 결부된 삶을 살아야 합니다.

생각, 실천, 변화, 반복, 습관, 독서, 믿음을 주제로 한 책과 강연이 많습니다. 이 중에서 좀 더 관심이 가는 항목이 있으면 해당 분야의 책을 읽고 강연에 가기를 권합니다. 저는 무엇보다 실천이 가장 중요하다고 생각합니다. 부모, 교사, 친구를 통해 어떻게 해야 하는지, 어떻게 행동하면 보다 나은 삶을 살 수 있는지는 듣고 생각해볼 수 있지만 유익한 조언을 아무리 많이 접한들 몸을 움직이지 않으면 변화할 수 없기 때문입니다. 게임을 슬기롭게 활용하는 방법, 공부를 잘하는 방법을 몰라서 실천하지 않았던 게 아닙니다. 머리로는 알고 있고 어떨 때는 머리카락을 부여잡으며 후회를 하면서도 실천하지 못하는 것은 몸이 따라주지 않았기 때문이에요. 그래서 실천과 시작을 먼저 하라고 강조했습니다. 사소한 것이라도 일단 시작하면 무언가가 변하게 되고 변하기 시작하면 관성이 생겨서 질주하는 황소처럼 밀어붙일 수 있습니다. 변화는 다시 더 나은 생각을 불러일으킬 겁니다.

생각을 바꾸면 운명이 바뀐다

미국의 철학자 윌리엄 제임스는 이렇게 말했습니다. "생각이 바뀌면 태도가 바뀌고, 태도가 바뀌면 행동이 바뀌고, 행동이 바뀌면 습관이 바뀌고, 습관이 바뀌면 인격이 바뀌고, 인격이 바뀌면 운명이 바뀐다." 운명이 바뀌면 다시 더 좋은 생각과 위대한 행동으로 이어지고, 이는 황홀하게 빛나는 인생으로 인도할 것입니다.

주어지는 삶에서 결정하는 삶으로, 수동적인 인생에서 능동적인 인생으로, 정체된 하루에서 변화하는 하루로 나아가야 합니다. 최고의 동기부여는 가슴에서 저절로 우러나오는 셀프 동기부여입니다. 부모가 시켜서 마지못해, 친구가 하니까 따라서 억지로 하는 것은 삶의 효율을 떨어뜨립니다. 같은 시간을 들이더라도 하고 싶어서 하는 사람과 하기 싫은데 누가 시켜서 어쩔 수 없이 하는 사람의 결과물은 하늘과 땅 차이입니다. 어차피 해야 할 일이라면, 지금이 아니면 안 될 것 같은 일이라면 누가 시키기 전에 먼저 시작합시다.

마지막으로 이 책의 대주제로 다시 돌아와서 지금까지 읽었던 내용을 함께 정리해봅시다.

• 지금은 게임을 할 수밖에 없는 시대입니다. 게임은 나날이 발전하고 사회 환경은 게임을 권하는 방향으로 변화하고 있습니다.

게임을 하는 것을 자책하지 말고 지혜롭게 할 수 있는 방법을 고민하고 시도해야 합니다.

- 게임과 공부는 반대말이 아닙니다. 학업의 스트레스는 게임으로 풀면 돼요. 눈치 보지 말고 떳떳하게 게임을 하세요. 다만 게임이 일상에 영향을 주지 않도록 스스로 통제하고 관리합시다.

- 부모를 게임 지원군으로 만드세요. 식사 시간만큼은 부모에게 한 발 양보합시다. 부모에게 원하는 게임 시간을 솔직하게 표현하고 당당하게 협상합시다. 약속을 했다면 반드시 지키는 연습도 병행해야 합니다.

- 내면을 다이아몬드처럼 단단하게 가다듬어 발전하고 성장하는 인생에 도전하세요. 생각, 실천, 변화, 반복, 습관, 독서, 믿음을 통해 마음 깊숙한 곳으로부터 시작되는 진정한 변화를 만끽하십시오.

이 책을 읽어준 모든 10대들에게 고개 숙여 감사를 전합니다. 여러분의 앞길에 아름다운 꽃잎만 가득하길 진심으로 바라고 응원합니다. 대한민국의 주인공들이여, 힘내세요. 파이팅입니다.

게이머를 위한 아포리즘

실천하는 하루하루를 보내라.

시도하지 않고 아무것도 하지 않으면 아무것도 변하지 않는다.

머리로 글을 쓸 수는 없다. 글을 쓰려면 펜을 들어야 한다.

변화는 사소한 것부터 시작된다. 목표를 작게 설정하고

성취의 즐거움을 만끽하라.

반복은 최고를 꿈꾸게 하고 최고의 자리를 유지하는 유일한 방법이다.

생각에는 한계가 없다. 생각과 질문을 거듭하라. 아인슈타인은 순전히

상상만으로 상대성이론의 토대를 마련했다.

모든 것을 이룰 수 있다고 믿어라. 믿음에는 아무런 비용이 들지 않는다.

밑져야 본전이다. 어려운 일일수록 할 수 있다고 믿어라.

책을 통해 생각 근육을 키워라. 글을 읽으며 내면을 가다듬고 발전시켜라.

독서는 생각의 폭을 확장시킬 수 있는 가장 효율적인 방법이다.

맺음말_ 스스로 게임과 공부를 하기 위한 마지막 다짐

무더운 여름이 지나가고 청명한 가을이 되었습니다. 푸릇푸릇했던 나뭇잎은 울긋불긋해졌습니다. 노을에 비친 벼는 황금빛으로 물들었습니다. 가벼운 옷을 옷장에 집어넣고 두꺼운 옷을 잘 보이는 곳에 두었습니다. 시간이 흘러 계절이 바뀌었지만 코로나19는 여전히 우리를 위협하고 있습니다. 하루의 날씨, 거리의 풍경, 먹는 음식과 과일이 달라졌지만 마스크를 쓰고 있는 우리의 모습은 그대로입니다. 당연하다고 생각했던 자유로운 일상이 새삼 그리워집니다.

코로나19는 묻습니다. 게임 시간을 적절히 통제할 수 있느냐고, 혼자서 공부를 할 수 있느냐고. 이 책은 질문에 대한 대답입니다. 코로나 시대에 대응하기 위한 것뿐만 아니라 스스로 생각에 생각을 더하고 주도적인 삶을 살기 위한 조언이 담긴 묶음입니다. 책을 쓴 목표는 여러분이라는 불꽃에 불을 붙이는 것이었습니다. 책을 읽고 한 번이라도 가슴 속이 뜨거워졌다면 저자로서 이보다 기쁜 일은 없을 것 같습니다.

단어와 문장을 바꾸어가며 여러 차례 강조한 건, 게임할 때 게임에 집중하고 공부할 때 공부에 집중하라는 것이었습니다. 그리고 그렇게 하기 위해 무엇이든 시도하고 도전하라고 말했습니다. 이것만 실천해도 여러분의 삶은 점점 나아질 거라고 확신합니다.

이해가 잘 안 되는 부분이 있거나 궁금한 점이 있으면 언제든지 메일을 보내시기 바랍니다. 격려도 좋고 비판도 좋습니다. 생각과 질문을 정리하고 이를 다른 사람에게 표현하는 일련의 과정은 우리가 할 수 있는 최고의 공부이며 그 무엇보다 중요한 일입니다. 저 역시 여러분의 생각과 고민을 바라보며 책의 부족한 부분을 깨달을 수 있습니다. 독자와 저자가 함께 성장하는 것. 이만한 일석이조가 어디 있겠습니까? 제 방문을 마음껏 두드리시기 바랍니다.

책의 출간과 편집을 담당해주신 들녘출판사 박성규 부대표님과 선우미정 편집주간님께 감사드립니다. 항상 응원해주는 부모님, 가족, 친구들에게도 고마움을 전합니다. 책의 큰 아이디어는 아내가 제공해주었습니다. 아내에게 감사의 말을 전합니다. 마지막으로 저를 프로게이머의 길로 인도하고 지도해준 스승이자 형인 이재균, 강도경 님께 깊이 감사드립니다.

프로스쿨러의 하루

① 스스로 공부 계획을 세운다.

② 학습한 것을 오래 기억하기 위해 공부를 마치고 정리하는 시간을 가진다.

③ 계획한 공부를 끝낸 다음 자유시간을 즐긴다.

④ 수업 시간에 몰입하고 쉬는 시간에 긴장을 푼다.

⑤ 선생님의 말씀에 집중한다.

⑥ 책상, 가방, 사물함의 정돈이 잘 되어 있다.

⑦ 나보다 공부를 잘하는 사람을 목표로 삼는다.

⑧ 공부한 것을 여러 번 반복해서 다시 본다.

⑨ 이해가 안 되는 부분은 선생님, 친구에게 물어본다.

⑩ 틀린 문제에 관심이 많다.

아마스쿨러의 하루

① 부모가 공부 계획을 세워준다.

② 억지로 학습서를 보고 공부를 마치면 곧바로
잊어버린다.

③ 공부 중에 수시로 스마트폰을 만지작거린다.

④ 수업 시간에 딴짓하고
쉬는 시간에 집중력을 발휘해서 논다.

⑤ 선생님의 말씀을 베개 삼아 잠을 잔다.

⑥ 책상, 가방, 사물함 모두 혼잡하다.
어떤 물건이 어디에 있는지 정확하게 모른다.

⑦ 나보다 공부를 못하는 사람을 보고 위안을 가진다.

⑧ 한번 보고 다 이해했다고 생각했으나 막상 시험을 보면
제대로 풀지 못한다.

⑨ 이해가 안 되는 부분은 다른 친구들도 모르겠지 하며
그냥 넘어간다.

⑩ 맞춘 문제를 보며 좋아한다.

273

슬기로운 게이머의 하루

① 공부할 때는 공부에 집중하고
　 게임할 때는 게임에 집중한다.

② 스스로 부모에게 게임 시간을 제안하고 당당하게
　 게임을 한다.

③ 게임 시간을 정확하게 지킨다.
　 5분 전에 미리 종료한다.

④ 게임을 끝낸 후 기분 좋게 다른 활동을 한다.

⑤ 스트레스를 풀고 친구들과 교류하기 위해 게임을 한다.

⑥ 해야 할 일을 모두 끝내고 게임을 한다.

⑦ 승부에 집착하지 않고 게임 그 자체를 온전히 즐긴다.

⑧ 식사 시간을 피해서 게임을 한다.

⑨ 게임 이외의 다양한 취미 활동을 병행한다.

⑩ 부모님과 게임을 주제로 편하게 대화한다.

어리석은 게이머의 하루

① 공부할 때는 게임 생각을 하고 게임할 때는 숙제 생각을 한다.

② 부모가 게임 시간을 정해준다. 부모를 조르고 졸라서 겨우 게임을 한다.

③ 게임 시간을 못 지킨다. 게임 시간으로 매일 부모와 실랑이를 벌인다.

④ 게임을 종료한 후에도 게임 생각을 한다.

⑤ 현실을 회피하기 위한 수단으로 게임을 한다.

⑥ 게임을 하느라 더 중요한 일을 매번 놓친다.

⑦ 지는 건 용납할 수 없다. 우리 편과 상대방을 비난한다.

⑧ 식사 시간과 게임 시간이 겹칠 때가 많다.

⑨ 자유 시간이 주어지면 게임밖에 생각하지 못한다.

⑩ 부모가 방에 들어오지 못하도록 항상 문을 닫아 놓고 게임한다.

작은 옷에 숨은 큰 이야기
이민정 지음

옷장에서
나온
인문학

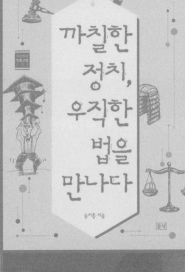

까칠한
정치,
우직한
법을
만나다

송치웅 지음

무겁지만 재미있게

세상과 통하는
철학

이진영
강지혜
신아연
지음

집에
들어온

인문학

이은정 지음

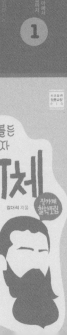

세상을 해석한다

청년을
위한
세계사
강의

고대 서막으로부터
근대 문명까지

1

명언 철학사

그래서 철학자는
이렇게 말했다

강대석 지음

이한영 철학 길라잡 지음

일상에 길을 다하다

책상을 떠난
철학

망치를 든
철학자
니체

Friedrich Nietzsche
강대석 지음

자기계
철학캠핑

불꽃을 품은
철학자
포이어
바흐

청와대는 건물 이름이 아니다

기호학으로 세상 읽기

푸른들녘 인문·교양 시리즈

인문·교양의 다양한 주제들을 폭넓고 섬세하게 바라보는 〈푸른들녘 인문·교양〉 시리즈. 일상에서 만나는 다양한 주제들을 통해 사람의 이야기를 들여다본다. '앎이 녹아든 삶'을 지향하는 이 시리즈는 주변의 구체적인 사물과 현상에서 출발하여 문화·정치·경제·철학·사회·예술·역사 등 다방면의 영역으로 생각을 확대할 수 있도록 구성되었다. 독특하고 풍미 넘치는 인문·교양의 향연으로 여러분을 초대한다.

2014 한국출판문화산업진흥원 청소년 권장도서 | 2014 대한출판문화협회 청소년 교양도서

001 옷장에서 나온 인문학

이민정 지음 | 240쪽

옷장 속에는 우리가 미처 눈치 채지 못한 인문학과 사회학적 지식이 가득 들어 있다. 옷은 세계 곳곳에서 벌어지는 사건과 사람의 이야기를 담은 이 세상의 축소판이다. 패스트패션, 명품, 부르카, 모피 등등 다양한 옷을 통해 인문학을 만나자.

2014 한국출판문화산업진흥원 청소년 권장도서 | 2015 세종우수도서

002 집에 들어온 인문학

서윤영 지음 | 248쪽

집은 사회의 흐름을 은밀하게 주도하는 보이지 않는 손이다. 단독주택과 아파트, 원룸과 고시원까지, 겉으로 드러나지 않는 집의 속사정을 꼼꼼히 들여다보면 어느덧 우리 옆에 와 있는 인문학의 세계에 성큼 들어서게 될 것이다.

2014 한국출판문화산업진흥원 청소년 권장도서

003 책상을 떠난 철학

이현영 · 장기혁 · 신아연 지음 | 256쪽

철학은 거창한 게 아니다. 책을 통해서만 즐길 수 있는 박제된 사상도 아니다. 언제 어디서나 부딪힐 수 있는 다양한 고민에 질문을 던지고, 이에 대한 답을 스스로 찾아가는 과정이 바로 철학이다. 이 책은 그 여정에 함께할 믿음직한 나침반이다.

2015 세종우수도서

004 우리말 밭다리걸기

나윤정 · 김주동 지음 | 240쪽

우리말을 정확하게 사용하는 사람은 얼마나 될까? 이 책은 일상에서 실수하기 쉬운 잘못들을 꼭 집어내어 바른 쓰임과 연결해주고, 까다로운 어법과 맞춤법을 깨알 같은 재미로 분석해주는 대한민국 사람을 위한 교양 필독서다.

2014 한국출판문화산업진흥원 청소년 권장도서

005 내 친구 톨스토이

박홍규 지음 | 344쪽

톨스토이는 누구보다 삐딱한 반항아였고, 솔직하고 인간적이며 자유로웠던 사람이다. 자유 · 자연 · 자치의 삶을 온몸으로 추구했던 거인이다. 시대의 오류와 통념에 정면으로 맞선 반항아 톨스토이의 진짜 삶과 문학을 만나보자.

006 걸리버를 따라서, 스위프트를 찾아서

박홍규 지음 | 348쪽

인간과 문명 비판의 정수를 느끼고 싶다면《걸리버 여행기》를 벗하라! 그러나《걸리버 여행기》를 제대로 이해하고 싶다면 이 책을 읽어라! 18세기에 쓰인《걸리버 여행기》가 21세기 오늘을 살아가는 우리에게 어떻게 적용되는지 따라가보자.

007 까칠한 정치, 우직한 법을 만나다

승지홍 지음 | 440쪽

"법과 정치에 관련된 여러 내용들이 어떤 식으로 연결망을 이루는지, 일상과 어떻게 관계를 맺고 있는지 알려주는 교양서! 정치 기사와 뉴스가 쉽게 이해되고, 법정 드라마 감상이 만만해지는 인문 교양 지식의 종합선물세트!

008/009 청년을 위한 세계사 강의 1, 2

모지현 지음 | 각 권 450쪽 내외

역사는 인류가 지금까지 움직여온 법칙을 보여주고 흘러갈 방향을 예측하게 해주는 지혜의 보고(寶庫)다. 인류 문명의 시원 서아시아에서 시작하여 분쟁 지역 현대 서아시아로 돌아오는 신개념 한 바퀴 세계사를 읽는다.

010 망치를 든 철학자 니체
vs. 불꽃을 품은 철학자 포이어바흐

강대석 지음 | 184쪽

유물론의 아버지 포이어바흐와 실존주의 선구자 니체가 한판 붙는다면? 박제된 세상을 겨냥한 철학자들의 돌직구와 섹시한 그들의 뇌구조 커밍아웃! 무릉도원의 실제 무대인 중국 장가계에서 펼쳐지는 까칠하고 직설적인 철학 공개토론에 참석해보자!

011 맨 처음 성性 인문학

박홍규 · 최재목 · 김경천 지음 | 328쪽

대학에서 인문학을 가르치는 교수와 현장에서 청소년 성 문제를 다루었던 변호사가 한마음으로 집필한 책. 동서양 사상사와 법률 이야기를 바탕으로 누구나 알지만 아무도 몰랐던 성 이야기를 흥미롭게 풀어낸 독보적인 책이다.

012 가거라 용감하게, 아들아!

박홍규 지음 | 384쪽

지식인의 초상 루쉰의 삶과 문학을 깊이 파보는 책. 문학 교과서에 소개된 루쉰, 중국사에 등장하는 루쉰의 모습은 반쪽에 불과하다. 지식인 루쉰의 삶과 작품을 온전히 이해하고 싶다면 이 책을 먼저 읽어라!!

013 태초에 행동이 있었다

박홍규 지음 | 400쪽

인생아 내가 간다, 길을 비켜라! 각자의 운명은 스스로 개척하는 것! 근대 소설의 효시, 머뭇거리는 청춘에게 거울이 되어줄 유쾌한 고전, 흔들리는 사회에 명쾌한 방향을 제시해줄 지혜로운 키잡이 세르반테스의 『돈키호테』를 함께 읽는다!

014 세상과 통하는 철학

이현영 · 장기혁 · 신아연 지음 | 256쪽

요즘 우리나라를 '헬 조선'이라 일컫고 청년들을 'N포 세대'라 부르는데, 어떻게 살아야 되는 걸까? 과학 기술이 발달하면 우리는 정말 더 행복한 삶을 살 수 있을까? 가장 실용적인 학문인 철학에 다가서는 즐거운 여정에 참여해보자.

015 명언 철학사

강대석 지음 | 400쪽

21세기를 살아갈 청년들이 반드시 읽어야 할 교양 철학사. 철학 고수가 엄선한 사상가 62명의 명언을 통해 서양 철학사의 흐름과 논점, 쟁점을 한눈에 꿰뚫어본다. 철학 및 인문학 초보자들에게 흥미롭고 유용한 인문학 나침반이 될 것이다.

016 청와대는 건물 이름이 아니다

정승원 지음 | 272쪽

재미와 쓸모를 동시에 잡은 기호학 입문서. 언어로 대표되는 기호는 직접적인 의미 외에 비유적이고 간접적인 의미를 내포한다. 따라서 기호가 사용되는 현상의 숨은 뜻과 상징성, 진의를 이해하려면 일상적으로 통용되는 기호의 참뜻을 알아야 한다.

017 내가 사랑한 수학자들

박형주 지음 | 208쪽

20세기에 활약했던 다양한 개성을 지닌 수학자들을 통해 '인간의 얼굴을 한 수학'을 그린 책. 그들이 수학을 기반으로 어떻게 과학기술을 발전시켰는지, 인류사의 흐름을 어떻게 긍정적으로 변화시켰는지 보여주는 교양 필독서다.

018 **루소와 볼테르** 인류의 진보적 혁명을 논하다

강대석 지음 | 232쪽

볼테르와 루소의 논쟁을 토대로 "무엇이 인류의 행복을 증진할까?", "인간의 불평등은 어디서 기원하는가?", "참된 신앙이란 무엇인가?", "교육의 본질은 무엇인가?", "역사를 연구하는데 철학이 꼭 필요한가?" 등의 문제에 대한 답을 찾는다.

019 **제우스는 죽었다** 그리스로마 신화 파격적으로 읽기

박홍규 지음 | 416쪽

그리스 신화에 등장하는 시기와 질투, 폭력과 독재, 파괴와 침략, 지배와 피지배 구조, 이방의 존재들을 괴물로 치부하여 처단하는 행태에 의문을 품고 출발, 종래의 무분별한 수용을 비판하면서 신화에 담긴 3중 차별 구조를 들춰보는 새로운 시도.

020 존재의 제자리 찾기 청춘을 위한 현상학 강의

박영규 지음 | 200쪽

현상학은 세상의 존재에 대해 섬세히 들여다보는 학문이다. 어려운 용어로 가득한 것 같지만 실은 어떤 삶의 태도를 갖추고 어떻게 사유해야 할지 알려주는 학문이다. 이 책을 통해 존재에 다가서고 세상을 이해하는 길을 찾아보자.

2018 세종우수도서(교양부문)

021 코르셋과 고래뼈

이민정 지음 | 312쪽

한 시대를 특징 짓는 패션 아이템과 그에 얽힌 다양한 이야기를 풀어낸다. 생태와 인간, 사회 시스템의 변화, 신체 특정 부위의 노출, 미의 기준, 여성의 지위에 대한 인식, 인종 혹은 계급의 문제 등을 복식 아이템과 연결하여 흥미롭게 다뤘다.

2018 세종우수도서

022 불편한 인권

박홍규 지음 | 456쪽

저자가 성장 과정에서 겪었던 인권탄압 경험을 바탕으로 인류의 인권이 증진되어온 과정을 시대별로 살핀다. 대한민국의 헌법을 세세하게 들여다보며, 우리가 과연 제대로 된 인권을 보장받고 살아가고 있는지 탐구한다.

023 노트의 품격

이재영 지음 | 272쪽

'역사가 기억하는 위대함, 한 인간이 성취하는 비범함'이란 결국 '개인과 사회에 대한 깊은 성찰'에서 비롯된다는 것, 그리고 그 바탕에는 지속적이며 내밀한 글쓰기 있었음을 보여주는 책.

024 검은물잠자리는 사랑을 그린다

송국 지음, 장신희 그림 | 280쪽

곤충의 생태를 생태화와 생태시로 소개하고, '곤충의 일생'을 통해 곤충의 생태가 인간의 삶과 어떤 지점에서 비교되는지 탐색한다.

2019 한국출판문화산업진흥원 9월의 추천도서 | 2019 책따세 여름방학 추천도서

025 헌법수업 말랑하고 정의로운 영혼을 위한

신주영 지음 | 324쪽

'대중이 이해하기 쉬운 언어'로 법의 생태를 설명해온 가슴 따뜻한 20년차 변호사 신주영이 청소년들을 대상으로 헌법을 이야기한다. 우리에게 가장 중요한 권리, 즉 '인간을 인간으로서 살게 해주는 데, 인간을 인간답게 살게 해주는 데' 반드시 요구되는 인간의 존엄성과 기본권을 명시해놓은 '법 중의 법'으로서의 헌법을 강조한다.

026 아동인권 존중받고 존중하는 영혼을 위한

김희진 지음 | 240쪽

아동과 관련된 사회적 이슈를 아동 중심의 관점으로 접근하고 아동을 위한 방향성을 모색한다. 소년사법, 청소년 참정권 등 뜨거운 화두가 되고 있는 주제에 대해서도 '아동 최상의 이익'이라는 일관된 원칙에 입각하여 논지를 전개한 책.

027 카뮈와 사르트르 반항과 자유를 역설하다

강대석 지음 | 224쪽

카뮈와 사르트르는 공산주의자들과 협력하기도 했고 맑스주의를 비판하기도 했다. 그러므로 이들의 공통된 이념과 상반된 이념이 무엇이며 이들의 철학과 맑스주의가 어떤 관계에 있는가를 규명하는 것은 현대 철학을 이해하는 데 매우 중요한 열쇠가 될 것이다.

028 스코 박사의 과학으로 읽는 역사유물 탐험기

스코박사(권태균) 지음 | 272쪽

우리 역사 유물 열네 가지에 숨어 있는 과학의 비밀을 풀어낸 융합 교양서. 문화유산을 탄생시킨 과학적 원리에 대해 '왜?'라고 묻고 '어떻게?'를 탐구한 성과를 모은 이 책은 인문학의 창으로 탐구하던 역사를 과학이라는 정밀한 도구로 분석한 신선한 작업이다.

2015 우수출판콘텐츠 지원사업 선정작

029 케미가 기가 막혀

이희나 지음 | 264쪽

실험 결과를 알기 쉽게 풀어 설명하고 왜 그런 현상이 일어나
는지, 실생활에서 어떻게 활용할 수 있는지, 친밀한 예를 곁들
여 화학 원리의 이해를 돕는다. 학생뿐 아니라 평소 과학에 관
심이 많았던 독자들의 교양서로도 충분히 활용할 수 있다.

030 조기의 한국사

정명섭 지음 | 308쪽

크기도 맛도 평범했던 조기가 위로는 왕의 사랑을, 아래로는
백성의 애정을 듬뿍 받았던 이유를 밝히고, 바다 위에 장이
설 정도로 수확이 왕성했던 그때 그 시절의 이야기를 중심으
로 조기에 얽힌 생태, 역사, 문화를 둘러본다.

031 스파이더맨 내게 화학을 알려줘

닥터 스코 지음 | 256쪽

현실 거미줄의 특성과 영화 속 스파이더맨 거미줄의 특성 비
교, 현실 거미줄의 특장을 찾아내어 기능을 업그레이드한 특
수 섬유 소개, 거미줄이 이슬방울에 녹지 않는 이유, 거미가
다리털을 문질러서 전기를 발생하여 먹이를 잡는 이야기 등
가능한 한 많은 의문을 던지고 그 해답을 찾아간다.

032 엑스맨주식회사 돌연변이와 과학하세요

닥터 스코, 김덕근 지음 | 360쪽

마블 엑스맨 시리즈의 히어로 중 아홉 명을 골라 그들의 초능력에 얽힌 비밀, 혹은 그들의 능력에서 유추해볼 수 있는 과학적인 사실들을 파헤쳐본다. 전자기장과 자기장, 현대과학에서 활용하는 fMRI기술과 타인을 움직이는 행동심리학 및 행동경제학, 유사 이래 인류가 금속의 강도를 높이기 위해 사용해온 합금의 비밀, 동물의 세계에서 찾아볼 수 있는 은신과 위장 능력, 유전학의 포문을 연 멘델의 연구로부터 현대 유전학에 이르는 비밀 밝히기, 광학을 둘러싼 여러 연구들, 대기 흐름의 다양한 결과물로서의 천둥 벼락 번개, 초음파와 소닉스크림을 이용한 현대 무기 이야기, 현대과학의 화두인 노화와 수명 연장의 비밀을 안고 있는 텔로미어 등등 돌연변이와 함께할 수 있는 과학 이야기는 상상을 초월할 만큼 무궁무진하다.